U0464019

香港第4届金阅奖
香港出版双年奖 心理励志类出版奖

伍詠光　叶玉珮　著

你好烦

子女说

与青少年沟通的技法和心法

四川大学出版社

项目策划：张　晶　王　玮
责任编辑：王　玮
责任校对：张宇琛
封面设计：米迦设计工作室
责任印制：王　炜

图书在版编目（CIP）数据

当子女说你好烦：与青少年沟通的技法和心法 ／ 伍
詠光，叶玉珮著．— 成都：四川大学出版社，2020.4
（亲子教育系列．青春期教育丛书）
ISBN 978-7-5690-1597-3

Ⅰ．①当… Ⅱ．①伍… ②叶… Ⅲ．①青少年教育—
家庭教育 Ⅳ．① G782

中国版本图书馆 CIP 数据核字（2020）第 075083 号
四川省版权局著作权合同登记图进字 21-2020-249 号

本著作物简体版权由突破有限公司授权，在中国大陆地区独家出版发行
未经书面同意，不得以任何形式复制、转载

书　名	当子女说你好烦：与青少年沟通的技法和心法
	Dang Zinü Shuo Ni Haofan: Yu Qingshaonian Goutong de Jifa he Xinfa
著　　者	伍詠光　叶玉珮
出　　版	四川大学出版社
地　　址	成都市一环路南一段 24 号（610065）
发　　行	四川大学出版社
书　　号	ISBN 978-7-5690-1597-3
印前制作	墨创文化
印　　刷	四川盛图彩色印刷有限公司
成品尺寸	170 mm×240 mm
插　　页	1
印　　张	16
字　　数	265 千字
版　　次	2020 年 6 月第 1 版
印　　次	2020 年 6 月第 1 次印刷
定　　价	58.00 元

扫码加入读者圈

四川大学出版社
微信公众号

序一

家庭是孩子成长的堡垒。青少年时期是孩子成长最快，也是最脆弱的时期。在这个时期家庭的作用至关重要。不过，青少年不只是生活在家庭之中，要在现实的社会里茁壮成长，就必须经风雨，见世面。家庭是培养青少年优秀品德（如正直、坚毅、独立、有爱心）的摇篮。所以，父母要拿捏好分寸。

自 2013 年起，香港社联伙伴基金与香港突破辅导中心共建"有家·无虑"青年心理健康计划，通过辅导和家长的教育工作来增强家庭成员之间的联系、沟通和凝聚力，同时，家长也可以领会教育孩子的重点，协助青少年克服成长过程中的种种困难，解除他们的疑虑。近两年，我们已经为 700 余个家庭和270 名青年人提供了服务。

今年，为了进一步扩展家庭价值教育工作，我们特别出版了相关的书籍，拍摄了影片，并配合不同形式的家长讲座和工作坊。这本《当子女说你好烦：与青少年沟通的技法和心法》可以算是近年来较为少见的以香港本土个案为内容、由香港资深辅导员撰写的青少年家长教育参考书。书中引用真实事例，道出了不少家长的感受，也表达了青少年的想法。书中实用的技巧可供父母反思，是一本不可多得的参考书。

当听到子女说"你好烦"时，父母难免会感到烦躁。这时，请父母先放松，抽时间慢慢阅读。愿书中的文字和故事能引起你的共鸣，读过之后你会发现，你所面对的难题不是独有的，而是很多父母都会面对的，不过，总有处理的办法。

祝愿天下所有父母与孩子活得有爱，活得愉快。

莫绮文

香港社联伙伴基金创办人

2016 年 5 月

序二

　　青少年对未来充满憧憬，期望自主、自由，也常为升学、就业、交友、仪表等问题烦恼。这些烦恼在孩子成长的过程中难以避免，家长怎样才能洞察儿女的心事，帮助他们掌握待人处世之道呢？听起来，父母的担子可真不轻，但幸好有香港突破辅导中心等热心服务青少年及家庭的机构，父母将不再孤掌难鸣。

　　《当子女说你好烦：与青少年沟通的技法与心法》这本书汇集了多年来辅导青少年和家长的经验，文字简洁，见解精辟，引例真实，易与读者产生共鸣。从内容的安排上可以看出作者颇费了一番心思：第一章至第八章以子女常见的怨言为标题，寥寥数字的怨言，揭示了两代人矛盾的症结所在，成为父母不能忽视的信号。

　　中医的"望、闻、问、切"应用于修补两代人之间的关系也颇为贴切。如果家长懂得分析子女言语和行为的要领，必定可以尽早找出问题的根源，防患于未然。作者提纲挈领，以孩子的话语为线索，一步一步地引领成年人从青少年的角度看问题，帮助他们重建教养子女的信心。

　　父母的人生经验丰富，大多甘于安定保守，孩子却总被新事物吸引，不喜欢受束缚，彼此立场不同，误解也多因此而起。要化解两代人之间的冲突，诀窍就是多聆听，使对方感到被关怀和被接纳。我相信，不论读者是否已为人父母，都可以从此书中得到启发，学会以开放、包容的胸怀，爱护你应该爱护的人。

沈祖尧

香港中文大学校长

2016 年 5 月

序三

"我的孩子什么时候变成了一头'小魔怪'？"

我在中学服务 28 年，见证了一代又一代人的成长。中学一年级入学的少年每一位都有着天使般的面孔，嘴边都挂着天真烂漫的笑容；可是，一个暑假后，他们的个子长高了，笑容却隐藏了，骤然变成了一头"小魔怪"。家长若未预备好迎接子女的改变，必定感到束手无策。纵使他们有所准备，参加了很多有关子女成长的讲座和工作坊，在实战现场也很容易把所学的知识抛诸脑后，与"小魔怪"战至两败俱伤。

事实上，这是每一个少年成长的必经阶段，有人叫它"反叛期"，我倒喜欢叫它"成长期"，就像毛虫蜕变成美丽的蝴蝶，必须经过虫蛹的阶段一样。家长必须明白：子女的成长期是一定会出现的，只是有些孩子稍迟出现，有些稍早；成长期的挑战也必然会出现，只是挑战的大小有别而已。故此，做适当的准备可以帮助我们做家长的在子女进入成长期时不至于惊慌失措。

诚意推荐这本书给每一位愿意拥抱孩子成长的家长和学校老师。本书所写案例，都有强烈的真实感和现代感，这样的亲子对话天天都在发生。本书既有能产生共鸣的个案例子、实用的建议、坚实的理论支撑，还有阅后反思和练习，是家长的实战手册，也可以成为学校举办家长课堂的教科书。

郑建德

香港汇基书院（东九龙）校长

2016 年 4 月

序四

倘若你家中有少年子女，相信你已经察觉到，子女曾经用语言或是身体语言向你表达过"你好烦"。

这本书是一本实用性很强的"导航手册"，可帮助你跨越你和青少年子女间的世代和文化差异。

青少年子女与他们的中年父母活在两个不同的"星球"上，青少年子女处在身心发育、成长的"暴风期"，情绪波动，身份模糊，朋辈关系不稳定。中年父母在不知不觉中步入了中年危机——青春不再，身体渐走下坡路，从追逐成就到寻求生活的意义，上要照顾年老的父母，下要培育子女成才，经济压力大，难免忧心和焦虑。两代人之间的文化差异极大，思维及价值观也不一样。大众传媒与网络塑造了新世代的青少年，两代人之间的冲突不可避免……

香港突破辅导中心的同事都是专业的辅导员，多年来，他们不仅辅导青少年，还进行了深入的家长教育与家庭辅导，积累了丰富的实战经验；辅导中心努力建立两代人之间沟通的桥梁，目标是让活在两个"星球"上的人，互相聆听、互爱互信，从而更紧密地联结在一起。

本书细致地描述了一些真实的场景和个案，用专业知识分析两代人割裂的原因，并提出具体的聆听指引，让双方在爱的指引下共建前行之路。相信每位父母在细读和反思中必定有所领悟，理解子女说"你好烦"背后的原因，懂得如何响应，并学习与青少年子女同行。

我从事青少年工作多年，近年来也花了不少时间推动重建父母和子女之间的关系，我满怀诚意地向各位为人父母者推荐这本分析深入、实用性强的好书。

蔡元云
香港突破汇动青年会长及突破机构创办人
2016 年 4 月

序五

单亲家庭的数量日益增多，即使在双亲家庭中，父母二人也未必能够有效合作，扮演好父母的角色。有些母亲甚至感觉双亲家庭仿佛变成了单亲，丈夫从来不积极承担父亲的工作；也有些父母以孩子为中心，孩子成了一家之主，致使自己在孩子面前失去应有的尊严，对孩子是管不了，也教不了。

青少年终日活在网络世界里，将自己封闭在屏幕后，与家人隔绝。孩子沉溺网络的深层原因是为了补偿人与人之间的疏离，以及早就失去的联系。很多父母早早地被生活、人际关系或工作俘虏，不自觉地将孩子的问题当成一个个需要尽快解决的任务，根本没空与子女深入沟通。双方不了解，是因为不愿意去了解对方的立场和角度，为某个问题争得你死我活，最后要么选择沉默，要么不闻不问。

当今社会上的各种价值观借助网络和朋友圈进行渗透，从而影响青少年的思想和行为，对此，父母近乎束手无策。父母知道价值观的重要性，也知道亲子关系和品德的重要性，他们眼见孩子成绩下滑，敏感的神经再次被牵动，不得不催促孩子抓紧时间学习，这种做法很容易使人忘掉爱的初衷及生命的意义。

当然，我们无法一下子解决以上所有问题，但面对以上种种处境，首先需要关注家长跟青少年子女的沟通方式。沟通虽不能圆满解决问题，但确实是一个良好的开端。管教关乎沟通，可以让父母与子女双方感到被理解、被体谅，心中的信息可以被传递、被接纳，大家可以获得尊重，这就是亲子关系的开始。如果没有良好的亲子关系，什么样的管教都会失效。

香港突破辅导中心的使命就是关心青少年及其家庭。我们相信，青少年要在一个家庭氛围和谐的环境中才能健康成长。在 40 年的岁月里，香港突破辅导中心通过辅导家庭教育工作，帮助无数家庭走出了情绪和亲子关系的低谷，解开了父母与子女的心结，帮助他们学习重新沟通，健康地表达爱。这本书综合了我们多年工作的经验和心得，以一种简单明了的方式与家长分享个中经验。

没有人天生就会做父母，孩子一天天长大，父母也需要一天天重新学习。学做父母等于学做人，你认同吗？我想将这本书送给天天挣扎在痛苦中的青少年家长。愿这本书为你带来启发和反思，希望你的心态和行为有所转变，这是我为每位读者送去的祈祷。

我要感谢香港突破辅导中心的同事们。这本书不是个人创作，而是整个团队共同努力的成果。同事们累积了无数的辅导和研究经验，一心帮助有青少年的家庭。我还要感谢本书的另一位作者——我的同事叶玉珮，以及两位编辑提供的诸多宝贵意见。

伍詠光

2015 年 12 月

序六

　　本书写作期间发生了二十多宗青少年轻生的个案。曾有家长深有感触地说，每次听到新闻，都会担心是不是自己的子女。父母这种反应是对子女最真挚的关切，亦令我反思：家长对子女的真实面貌是否没有什么把握？不少新闻采访都有一个共同点，就是轻生的青少年事发前都"没有异样"，才让父母未能有所警惕。

　　这种现象让我们不得不重新检视亲子沟通中可能存在的问题：青少年常装作无事，不向身边的人透露自己遭受的情绪困扰；而父母也常常收不到子女的求助信号，往往到事情突发的那一刻才大吃一惊。亲子之间的沟通长期不畅，我们究竟错失了多少帮助子女的机会？但愿亲子之间先从日常沟通开始，别让问题堆积如山。

　　不少家长认为，自己在子女的童年阶段没能与他们好好沟通，等他们成长至青少年时，才发现已经束手无策了。事实不是这样的，只要父母愿意，沟通永远不迟。我们在很多真实的个案中都可以看到，父母一直努力与青少年子女修补、重建信任关系，子女也十分期待与父母建立情感联系，只要我们愿意向前多走一步，建立良好的亲子关系不是问题。

　　盼望这本讲解与青少年沟通的书能伴随家长同行，帮助他们在重重困难与压力中找到一条出路。

　　感谢全体同事！一路有你们一起学习，十分感恩。

叶玉珮

2016 年 4 月

导读

青少年，
你到底在想什么？

子女步入青少年期，也是父母摸不着头脑，最难受的时期。

亲子的困难时期

父母总想关心子女，了解他们的想法、心情和现状，可是这个阶段的沟通十分困难。亲子之间仿佛有一层隔膜，让彼此难以亲近。这种情况会让青少年父母感到很失落：以前黏着父母、什么都对父母说的孩子，转眼之间就对父母爱搭不理，有时甚至把父母当作仇人一般。这种不再亲密的感觉，让父母非常难受。

在这个阶段，管教也变得愈来愈困难。有时父母见到子女做事不妥，或者沉迷玩乐、做事拖延等，稍微提醒两句，子女的反应往往是"得啦得啦！"；若再提醒，他们就会抛下一句"你讲了九千次啦！你好烦呀"，然后拂袖而去。

子女除了行为上不合作，有时他们的价值观也会吓父母一大跳：明明从小就教导他们要以礼待人、做人要诚实、做事要尽力等，却发现事实与期望总是背道而驰。提醒后，子女不仅没有悔意，还会说"你不明白"，拒绝讨论，令父母既气愤又担心：以前的品德教育都教到哪儿去了？

最让人难受的是，与子女沟通没几句，他们便心浮气躁。有时好心替他们买东西，他们不但不说"谢谢"，还指责父母"弄错啦！都买错啦！你是不是故意的？"，令父母愕然。当父母想予以纠正时，他们不但抗拒，还会说"你好烦呀"；甚至大动肝火，塞上耳机，或关起房门，气得父母咬牙切齿。这些日常琐事带来的冲突天天都在上演。难怪有些父母认为青少年子女是教不好的，打算放弃。

了解青少年的成长任务

两代人出现沟通困难的原因很多，比如表达方式、期望差异、亲子关系、对时代文化的不同理解等。要与青少年进行有效沟通，有一个重要的窍门，就是了解他们在这个阶段的成长需要。

简单来说，青少年期是由儿童发展为成人的过渡阶段，是一个不稳定的过渡期。

儿童期 → 青少年期 → 成年期
（过渡期）

在儿童期，小朋友需要依赖成人生活。他们不仅在生活上需成人提供生存的必需品，还需要——

· 与成人建立紧密的情感依附，建立对世界的安全感；
· 成人给予赞赏、肯定和鼓励，以帮助其建立自尊感；
· 成人树立价值观帮助他们认识良知，认识和遵从社会规范。

在这个阶段，小朋友较为顺从，并会努力达到成人的期望。

青少年期是一个人开始准备成为成人的阶段。在这个重要的成长阶段，青少年需要发展自我认同（self identity），确立自我，发展自我，建立朋辈认同，实现自我统整。

1. 确立自我

确立自我是由依赖别人对"自我"的回馈，转而反思和领悟"自我"定位的过程。青少年想通过冒险和探索来了解自己，从而确立自我，这是发展个人独立生活能力的基础。正因为青少年对自我非常关注，所以他们时而觉得自己的想法很独特，旁人难以理解，不必解释太多，但心里又十分渴望有人理解；时而又感到全世界的焦点都在自己身上，对自己的一举一动、外表仪容都非常在意。

2. 发展自我

发展自我是指由顺从权威转向挑战权威，争取"话语权"。子女对于如何思考、如何做决定、如何处事等都跃跃欲试。在发展独立思考的过程中，他们的批判性较强，不易向现实妥协，对不合理的事情会表达自己的不满，坚持修正。如果他们觉得父母闯入了他们的"管理范围"，就会感到自己的自主发展受到了阻碍，会毫不留情地挑战父母的权威。因此，很多时候父母会觉得子女的想法不切实际，但要说服子女又不容易。然而，这是他们学习独立思考和处事的必经过程，也在为日后长大成人做准备。

3. 朋辈认同

朋辈认同是指孩子认同的焦点由对父母的认同转为对朋辈的认同，"如何被朋辈接纳"成为他们最关注的问题。在这个阶段，他们一方面会全力融入所属群体，如衣着、行为、价值观等，另一方面又可能会常常转换群体，进一步寻找自己的定位。这个过程有助于他们确立自我形象，培养更成熟的社交能力，有助于他们成年后在工作和生活中建立良好的人际关系，学会合作与竞争。当他们的目光从父母身上转向朋友时，父母难免会感到失落，但这种发展是健康的。

4. 自我统整

自我统整即"社会期望"（尤其是儿童期权威的教导）和"自我确立"进行整合，发展出一套既不违背个人心理需要和价值取向，又符合社会规范的生活方式，是一个成熟的人格发展过程。父母难免担心子女行差踏错，然而子女必须通过不断尝试、拿捏准绳才能达至自我统整，所以父母可视之为一个正常的发展过程，不必对偶然的得失太过在意。

青少年阶段出现的生理变化，与这种"成长需要"的发展是同步的。激素分泌旺盛使青少年的情绪更易波动。他们易怒，而愤怒赋予人反抗的力量，帮助他们说"不"，以确立自我，捍卫自主空间，进行独立思考。他们会因一些事情而影响心情，不懂表达又无法排遣，结果无故迁怒于父母。所以，青少年父母会觉得子女喜怒无常，突如其来的愤怒情绪把他们弄得措手不及。**简言之，在青少年阶段，亲子之间的沟通困难，很多时候不是内容的对错，而是与成长需要有关。父母若能从这个角度来看，便能理解这些发展阶段都是健康的。**

青少年期是想独立却未然的阶段

有些父母会想，既然子女急欲自作主张，自己索性撒手不管好了！

然而，**青少年只是处于尝试独立自主的阶段，尚未具备独立自主的能力，仍然需要父母的协助**。很多时候青少年在自主的情况下会感到胆怯，担心自己做得不对，这时可能会反过来埋怨父母不管他们。

有些父母可能会想，自己的权威都到哪里去了？他们认为现代的教育理论纵容青少年，令他们尊卑不分，而且没有抗压能力，动辄寻死觅活。管教子女应该要"恶"，错了就要骂。既然自己就是这样长大的，现在好端端的，也就不必学太多西方的沟通技巧，也不用理会什么青少年的成长问题。

的确，上一辈父母并不知道什么沟通理论，他们中的很多人都是在打骂哭闹中成长起来的，如今他们也知分寸、有学识。然而，他们之中又有多少人能够说与父母保持了亲密关系？我们尊敬和孝顺父母，因为他们有权威，愿为子女付出；然而，很多时候亲子关系却是疏离的。上一辈的父母注重教导，缺少对子女的情感滋养，不会拥抱、亲吻，缺少情感上的联结，如聆听、谅解、支持和保护等，这些对建立亲密关系十分重要。加之上一辈父母情感表达方式非常含蓄，较多流露出负面的情绪，如打骂、比较（贬低）、威吓等，结果，亲子联结薄弱，关系较为疏离。如果不希望自己与子女重演这种关系，那么好好沟通便是培养亲密关系的不二途径。

良好的沟通方式有助青少年成长

读到这里，你可能已经感觉到"做青少年父母好难呀"！这简直是一个箭靶！这个情况还要维持多少年？一般而言，11 岁至 18 岁是青少年的成长阶段。不少对子女深感头痛的父母听后都会惊叫："这么长？谁熬得住？"

父母不用太担心，如果对子女的成长问题处理得宜，很多亲子冲突都能避免，这个阶段甚至能提早结束；而子女到了成年期，也能与父母维持较为成熟与稳定的关系。

> 有一位妈妈多年来因管教两名子女而家无宁日。儿子升入中学后，终日沉迷于游戏，成绩下滑，责骂几句又会离家出走；偷妈妈的钱，甚至变卖她的手机，令她既气愤又担心。她自问尽力教导儿子自律、诚实，实在不明白儿子为何会变成这个样子。
>
> 后来妈妈鼓起勇气寻求辅导。辅导员耐心聆听，引导妈妈从青少年成长的角度看待儿子的行为问题。妈妈发现自己在与儿子相处的过程中，虽然好心提醒，却常常将儿子的过失挂在嘴边，儿子感到自我形象受损，便马上反驳，于是双方冲突连连。她担心儿子学坏，严格限制他的外出和零花钱，却忽略了他开展社交活动的需要，造成了儿子偷拿她的钱甚至变卖她手机的结果。
>
> 当妈妈尝试改变自己的沟通方式，聆听儿子的成长需要后，两人之间的争执少了，自己的情绪有所好转，儿子的性情也变得温和了。后来儿子告诉她，自己有一次又想偷钱，但因为不想让妈妈再伤心，最后放弃了；还告诉她，很怀念儿时妈妈陪自己上学两人在路上有说有笑的样子，那是母子间最愉快的时光。
>
> 多年后，儿子进入后青少年期，情绪稳定多了。一天，他对妈妈说，听到升中学的妹妹顶撞妈妈，才发现这些话有多难听；而妈妈仍能不愠不火，从容面对，他很感激妈妈过去对他的无限忍耐和包容。

如果父母能掌握与子女沟通的技巧，那么就能避免冲突，再次体验彼此之间的亲密关系；父母亦能陪伴子女顺利完成成长任务，让他们成为独立成熟、自律自信的成年人。当子女长大后，回想起父母面对昔日年少轻狂的自己，默默承受、陪伴左右，不离不弃，自会铭记于心。

这是一本关于什么的书？

这是一本讲解父母如何与青少年子女沟通的书，以香港发生的真实案例来说明与青少年沟通的各种理论和技巧，以及家长可能遇到的困难。沟通可以促进彼此的关系，良好的亲子关系是管教的基础，因而，掌握与子女沟通的技巧，就是化解青少年管教问题的第一步。

本书第一章讲解情绪在沟通中的作用，很多时候亲子间沟通困难，其实是源于忽略了对方的情绪。

第二至第四章介绍双向而有效的沟通方式。第二章介绍同理心，讲述如何聆听子女的心声，掌握他们的情绪，让子女感受到父母是理解他们的，愿意听他们倾诉。第三章"我的信息"，帮助父母有效传达要求，让子女愿意聆听和执行。第四章是协商，讲解如何与子女进行商量，达成协议。

第五至第六章讲解通过沟通帮助子女建立自我价值，增强亲子互信，可以作为日后管教的基础。第五章介绍如何赞赏子女，鼓励子女改善不理想的行为。第六章是处理个性差异，介绍当子女的个性与父母有很大差异时，应如何处理彼此的期望、想法和习惯。

有了稳固的关系基础、掌握了有效沟通原则后，第七章帮助父母处理青少年的愤怒情绪，化解冲突，重启对话。

第八章介绍沟通如何带来有效的陪伴。

第九至第十章要处理一些较为深入的问题：沟通的不自觉性。情绪影响家长与子女的沟通，因此，父母即便知道很多沟通的理论和技巧，如果情绪处理不得当，仍然无法运用。第九章协助家长察觉沟通过程中的不自觉情绪，并通过日常对话来操练一些沟通规则，以实现有效沟通。第十章协助家长反思不自觉的情绪受到哪些因素的影响，以及如何排解。

由于管教涉及的范围非常广泛，如玩游戏、恋爱、缺乏学习动机等，受篇幅所限，在此不详细讨论；至于教养的其他范畴，如界限、夫妻合作、家庭系统、外界支持等，则不是本书讲解的内容。

家长常有的疑问是"如何处理子女的某个事件"。事件的处理虽然是因人而异，因势利导，但是沟通的原则大同小异，这些原则是建立在对人性的理解之上的。例如，人都喜欢被尊重、被爱，不喜欢被指责、被拒绝；人都渴望与他人联系，不想孤独、被遗忘；人都渴望被欣赏、被肯定，不喜欢被贬低……这些都是我们关于人的信念，相信每个个体都是有价值的。父母探索了适合自己的方式，调整合适的心态和观点，找到与子女进行有效沟通的途径，个别疑难问题自然能够迎刃而解。

第一章

你好烦呀！

——聆听子女的心声

目标：

接纳子女的情绪，聆听他们的心声。

技巧：

如何接纳子女的负面情绪，保持亲子关系。

引言

　　如果家长问我，青少年最主要的特征是什么，我可以概括为 3 个字："情绪化"。他们常常把自己封闭起来不理父母，因琐碎的事情而大发脾气，明明是自己做错了事，还要恶人先告状，说话没大没小，情绪变化阴晴不定……这些问题都足以把父母气得半死。有时候，家长可能会问自己："这还是我的孩子吗？为什么他与儿时完全不同？他什么时候变成了这个样子？是哪个朋友影响了他？还是老师不懂得教育？其他孩子应该不会这样吧？"

　　我先回答最后一个问题。**很多青少年的父母跟你一样，会遭遇类似的子女情绪问题。正如开篇所说，情绪化是青少年最主要的特征，相信每个人都有过这样的经历，一个没有情绪的青少年才真正"有问题"。**

情境

儿子"转死性"

陈家夫妇育有一个 13 岁的儿子，名叫约翰。约翰自从升入初中后，情绪大变，喜怒无常。他天资聪颖，成绩不错，可是数学成绩常常不及格。当约翰遇到困难时，通常的处理方法就是逃避，而且会找不同的借口搪塞，所以数学成绩一直难有起色。如果父母提醒他，他就会大发雷霆，高声说："不要管我！"父母拿他没有办法。

一天，约翰竟然主动向母亲提出要求："我想过了，我决定去补习数学！"
母亲当时心想："他做事一向三分钟热度，有头没尾，这次可能又会半途而废。"
母亲想了想，对儿子说："你想清楚没有？你知不知道你上次……"

母亲话音未落，儿子便怒目圆睁，怒气冲冲地说："你总是这样看扁我！你不要我补习，以后我就不去了！你开心啦！"说完便冲进自己的房间，狠狠地关上了房门。母亲气得要命，心想："我根本没有阻止你去补习，怎么蛮不讲理？"

于是，母亲隔着房门大声说："我有说错吗？我只是提醒你而已，你就向我大发脾气！"

儿子在房间里大声吼道："你闭嘴！好烦呀！"

这时候，母亲悲愤莫名："自己明明没有骂他，却反过来被他骂。他究竟在发什么神经？我真是不懂他！"

舒缓子女情绪的要诀：聆听

面对这种情况，约翰的妈妈真是有苦难言，提醒一句，竟然招来儿子的责骂，不但事情没有得到解决，自己还饱受委屈。事实上，很多家庭都曾出现过这类充满火药味的场景，子女和父母常常为了一些小事争吵不休，原本要讨论和处理的事情最终却没有得到解决，长此以往，事情一件一件累积起来，令父母担忧。

人在情绪激动时，最期望他人能够理解自己。要理解，就要先学会聆听。因此，舒缓子女情绪的第一步便是聆听。

然而，很多家长在子女情绪激动时，往往只顾教导和提醒，有时甚至会"翻旧账"，常常忘了聆听。青少年遇上父母细数"上次怎样怎样"，一定觉得不服气。子女情绪激动时，无论父母说什么他们都听不进去；而父母也无暇猜想子女的行为和言语背后究竟传达了什么信息，更不要说去了解子女到底需要什么了。

如何聆听：找出具体细节

一切的沟通都从聆听开始。父母要先放下教导和提醒的意图，了解子女究竟在想什么。

> 儿子：我想过了，我决定去补习数学！
>
> 母亲：你为何想去补习？（了解动机）
>
> 儿子：想补就去补呗！
>
> 母亲：你觉得补习会帮到你吗？（有时候儿子不能一下子解释清楚，但不要放弃了解，询问具体情况和细节有助于儿子说明动机）
>
> 儿子：我觉得代数很难，老师又教得不好。
>
> 母亲：原来你是这么想的，不如我们商量一下，看看哪种补习方式最适合你。

父母先要聆听并掌握子女的动机和心思，这样不仅可以避免无谓的冲突（其实很多冲突的起点都很无谓），还可以创造沟通和表达的机会。有时，子女未必能够清楚表达自己，说出来的话听来可能有些"无厘头"，不过请父母保持耐心，继续询问具体内容，之后自然会明白他们的诉求。很多父母的认为子女进入青少年时期后已经不想和自己说话了，其实青少年很需要父母聆听，双方发生争执时更是如此，所以请不要急于教训他们，要耐心聆听。

情绪暴躁的事后聆听

如果子女正在生气，该如何聆听？父母不妨先保持冷静，放下这个话题。同时也请子女冷静，待其情绪稳定后再沟通，让子女明白父母的目的不是责备。

父母要明白，青少年通常对"责备"极为敏感。父母要主动驱除子女"怕被责怪"的心魔，只有这样，才能创造沟通的机会。

父母要先放下教导和提醒的意图，了解子女究竟在想什么。

分析"情、理、事"

聆听的重要性固然不言而喻。在"和平"的日子里，父母和子女可以畅所欲言。但是在子女反叛、违背父母的意愿，或者闹情绪的时候，父母被气得七窍生烟，哪还有心思去了解他们想说什么！这里介绍一项沟通要旨——"情、理、事"，帮助父母在混乱中保持清醒，聆听孩子的心声。

情	因事情引起的情绪，可分为表面情绪和深层情绪
理	对事情的是非判断
事	事情的经过及背后的原因

一般父母在处理子女的情绪和问题时，往往只为了解"事"，"事"还未完全掌握清楚，就开始说"理"，最终往往忽视了"情"。让我们重温一下约翰的例子。

儿子：（气冲冲地说）"我想过了，我决定去补习数学！"

母亲：（疑惑地问）"你为何想去补习？"（事）

儿子：（感到不耐烦）"想补就去补呗！"

母亲：（心里不太高兴，但仍保持耐心）"你觉得补习会帮到你吗？"（事）

儿子：（有点烦躁）"我觉得代数很难，老师又教得不好。"

母亲：（仍保持平和语气）"原来你是这么想的（情），不如我们商量一下，看看哪种补习方式最适合你（理）。"或说："妈妈知道你很烦躁。你先静一静，我们等会儿再说。"（情）

情境 子女爆粗口

儿子上完游泳课回家，脸色很难看。母亲见状，走过去关心询问。怎料，儿子竟然大发雷霆，大声喊道："没事呀！"

母亲感到十分尴尬，心想："只是问候一句，怎么发那么大的脾气？"但她为了帮助儿子，尽力克制住自己心中的不满，问道："究竟发生了什么事？"（事）

这时候，儿子用污言秽语骂他的游泳老师。母亲感到非常愤怒，于是提高声调说："你知不知道爆粗口不对？"（理）

儿子也提高声调反驳："爆粗口又怎样？不关你的事！"

母亲更加愤怒："你做了错事，我就要管。"（理）

儿子怒目而视："同你讲话憋气！"

这场对话最大的问题在于，母亲虽然询问儿子何事（为什么不高兴），但是急于讲"道理"（指出爆粗口和态度的问题），而忽略了原本要询问的"事"：儿子回家时的脸色显示出他心情不好，爆粗口是愤怒情绪的一种另类表达。这些情绪就是"情"的一部分。

请看正面示范：

母亲定了定神，知道儿子一定是心情不好，温和地问："见你气冲冲的，一定是发生了什么事吧？"（情、事）

这时候，儿子用污言秽语骂他的游泳老师。母亲先是愕然，不过仍然坚持引导儿子继续表达，便说："其实妈妈不喜欢你爆粗口（理），你平时也不会这样做的（事），你和老师之间是不是发生了很不愉快的事（事、情），可以告诉妈妈吗？"

儿子悻悻然地说："他无故冤枉我，我根本没错。"

母亲安慰道："原来是老师错怪你了。究竟发生了什么事，可以跟我说吗？"（情、事）

个案中的母亲着重"事"和"情"，她耐心倾听儿子内心的感受，细心寻找事实真相。很多时候，父母早已假设子女做错了事，想尽快解决问题，反而没有耐心细听和查探清楚事实，更不用说谅解子女的负面情绪了。

可以说，**沟通的心法是：情绪没道理**。人在情绪高涨时，根本听不进任何道理。"情、理、事"，一定是由情感开始，先留意和处理子女的情绪，讲道理才能事半功倍。

容易忽略的聆听内容

一般父母除了容易忽略以上"情、理、事"的技巧，也通常会遇到以下两个问题。

1. 忽略子女的"暗示"

有时青少年不会直接向父母和盘托出一件事的经过，又或者不善于表达，他们往往暗示一些表面的小事。比如说："有同学穿了什么款式的鞋。"很多时候父母的反应可能是："同学的鞋与你何干？"甚至多加一句："与其多管闲事，不如好好学习。"

这样，子女怎会和父母再谈下去？说不定，他可能是想跟父母说，自己也渴望拥有同样的一双鞋，或者讨厌这个同学向人炫耀自己的新鞋。

所以，先不要拒绝和阻止他们说下去，留意这些"神奇时刻"（magic moment），子女可能有话要说。父母可以运用以上"情、理、事"的技巧继续双方之间的询问和对话。

2. 忽略子女的非语言表达

眼神和肢体语言是重要的表达渠道。人的眼神及肢体动作或多或少可以反映他们的心情。当子女一面做功课，一面拍打书桌，甚至给父母脸色看时，父母的通常反应是阻止。这种情况下，父母应想想子女想表达什么。这些动作的背后，往往反映了他们的烦躁不安，可能是他们感到十分疲惫，也可能是遇到了什么困难。

先留意和处理子女的情绪，
讲道理才能事半功倍。

做好父母有何难

青少年特别容易出现负面情绪？

1. 生理变化与脑部发育

前面已谈到有关青少年受激素影响，性格发生改变，情绪容易波动。近年来，很多科学家从人脑的发育角度来研究青少年的情绪，并指出青少年做出判断的前额叶发育较为缓慢，而负责愤怒与其他原始情绪的大脑部分却发育得特别快。成年人的前额叶功能比青少年的强。可想而知，**青少年的情绪往往比理性来得快**。发生状况时，父母自然应该比他们理性。

2. 处境变化与自我形象

家长每天都要处理生活中大大小小的事情，因而无暇察看子女成长的"大图画"，也就是其成长阶段的变化，容易忽略青少年的"突变时期"。

10 岁至 13 岁、18 岁至 23 岁是青少年的两个主要"突变时期"。处于这两个时期的青少年要面对环境的突变，如升入中学，或进入大学，或步入职场，不容易适应，情绪较易波动。

我并非说青少年在这两个时期以外就没有困难。基本上，他们天天都会面对转变，面对生理和自我形象方面的困扰，担心别人怎样看自己的外表和表现，急需得到别人的接纳。**青少年常处于这种诚惶诚恐的状况中，情绪自然不稳定。**

3. 家庭关系与互动

当子女进入青少年期时，父母也正好进入中年或更年期，在这个阶段，每个家庭成员都要面对自身的转变，转变容易带来压力，压力容易引起情绪。

父母和子女通过十多年的相处，建立了一种既有的、稳固的相处模式，有可能因父母或子女的生理变化和情绪变化而发生改变：如果其中一方有转变，另一方无法立即适应和调校，自然会引起双方强烈的连锁情绪反应，以往既有的、稳固的相处模式就会被动摇。

子女的情绪信号

很多父母只会简单地将子女的负面情绪归为"闹脾气"，其实负面情绪有很多种。如果父母不能仔细辨认，又怎能帮助子女辨识和处理、对症下药呢？所以父母除了要接纳子女不同的负面情绪，还要认识到每种负面情绪也有其正面作用。

在表1-1中，我们列出了青少年常见的不同情绪引起的非语言表达。

表1-1　青少年常见的不同情绪引起的非语言表达

子女的表达方式（有声、无声）：怒目而视、紧握拳头、无理取闹、用力摔东西或关门	
负面情绪	闹脾气、愤怒
目的	负面：想要对抗，想要掌权 正面：自我肯定，自卫
内心状态	感觉不满、不被信任、受委屈、被错怪、受到不公平对待、父母不守信用等
父母较为适宜的应对方式	不要跟子女争论，也不要在受到威吓后立即让步；要求双方冷静下来后再谈。例如："我们都要冷静一下，否则什么都谈不成。等你冷静下来，我愿意聆听并信任你。"

当
子女说 你好烦

子女的表达方式（有声、无声）：一声不响、把自己关起来、埋头玩手机、无精打采	
负面情绪	沮丧、忧伤
目的	负面：想要操控别人，想要逃避责任，想要博得同情 正面：寻求支持
内心状态	遇到挫折，不能达成自己的愿望，被同辈忽视或嘲笑，不被重视等
父母较为适宜的应对方式	表达自己明白子女的心情和困扰，尊重他们的意愿，愿意分享多少就分享多少，表示自己愿意陪伴，随时聆听 例如："我知道你不高兴。若你愿意跟我交谈，我随时可以倾听。"
子女的表达方式（有声、无声）：无病呻吟、唉声叹气、埋头玩手机、无法专注	
负面情绪	厌倦、厌烦
目的	负面：想要退缩，想要逃避参与，想要逃避麻烦 正面：隐藏
内心状态	觉得事情无聊，疲倦，没有成就感，得不到别人的认同等
父母较为适宜的应对方式	肯定子女的付出，让子女有休息的时间和空间，也可以邀请子女探索其他可能性和有趣的事情，并尊重他们的意愿 例如："这件事可能让你感到失望和灰心。你已经尽力了，我们之后再一起想办法吧！"
子女的表达方式（有声、无声）：逃避不想做事、埋头玩手机	
负面情绪	害怕、恐惧
目的	负面：想要放弃，想要退缩 正面：自我保护
内心状态	遇到挫折，害怕失败，害怕辜负父母的期望，曾遭受别人严厉的批评等
父母较为适宜的应对方式	表示愿意陪伴，随时可提供帮助，相信子女有能力处理和做出决定 例如："我知道你闷闷不乐，我很担心你，也知道你需要一点空间，你需要帮忙的话，可以随时提出来。"

子女的表达方式（有声、无声）：一声不响、矢口否认、说谎	
负面情绪	内疚、羞耻
目的	负面：想要操控别人，想要惩罚自己，想要得到怜悯 正面：自我反省，承担责任
内心状态	害怕责罚，担心无法承受后果，自我形象被贬低等
父母较为适宜的应对方式	不要过分指责，欣赏子女能够承认错误，鼓励他们为后果负责并进行补救 例如："我相信你知道做错了什么，你已经承担了后果。既然事情已经发生了，我们一起想想如何一同承担吧！"
子女的表达方式（有声、无声）：逃避不想做事、埋头玩手机、过度强迫自己、与他人比较	
负面情绪	感到压力、焦虑
目的	负面：感觉力有不逮，想要逃避责任 正面：避免承受不了压力而倒下
内心状态	害怕失败，与别人比较，害怕让自己失望或令父母失望等
父母较为适合宜的应对方式	陪同子女一起寻找压力来源和核心问题；帮助他们重新确定事情的轻重缓急，或减少工作量，或降低期望值。 例如："这件事一定让你觉得压力很大，其实成败不是最重要的，曾经付出才重要。不如我们再计划如何面对吧。"

　　从表1-1中，父母可能会发现子女玩手机也许是一种无声的表达方式。当人有负面情绪时，很可能利用其他事物转移注意力。正如很多人下班回家后，都会对着电视发呆，目的是消解心里的压力。因此，家长不要单单批评子女玩电脑或手机，更要留意他们的情绪和其他行为，关注他们最近发生了什么事。

负面情绪传递出强烈的信息：我没有安全感

从表 1-1 中可见，即使负面情绪也有正面作用。情绪虽然多样，但共同点只有一个，那就是"自我保护"。人遇到压力时会缺乏安全感，自然会通过不同的情绪来发泄与表达。可以说，子女的**负面情绪传递了强烈的信息：我没有安全感**。

青少年还不能应对和适应各种生活中的困难，因此自然会利用情绪作为自己心理保护的屏障。从表面看，他们的心理好像出了问题，想与父母对抗，其实他们的内心充满了害怕和无助。

每个父母都爱子女，给予他们情感上的支持，第一步就是接纳他们的负面情绪。

子女的负面情绪传递了强烈的信息：
我没有安全感。

给父母的心法

为何父母难以接受负面情绪

父母总是难以接纳子女的负面情绪，认为他们总是在任性发泄，而自己长期忍受，早就到了临界点。同时，有些盲点可能连家长自己都没有察觉到，长此以往，父母忍受力早已大大降低。以下是一般父母的 3 个盲点。

盲点 1：父母认为负面情绪等于反叛、不理智，想立即阻止。

子女明明跟父母讲好玩半小时游戏后开始学习，可是一小时后仍然在玩游戏。当母亲进行干涉时，子女却抱怨母亲害他输了游戏比赛。母亲见状，感到子女不守信用，还恶人先告状，便不停地跟子女争论之前的承诺，列举过往事件，甚至喝止子女发脾气。其实母亲当时没有注意子女的情绪，忽略了他们是因玩游戏输了而产生的负面情绪。

遇到子女的负面情绪时，父母可以——

· **接纳不高兴这种情绪**："我知道你玩游戏输了不高兴。"
· **表达个人心情**："但我现在也不高兴，因为你没有兑现自己的承诺。"
· **给时间让双方冷静，确定双方解决问题的时间和方向**："我给你时间消消气，但之后希望我们可以讨论一下玩游戏和复习功课的问题。"

盲点 2：父母害怕接触负面情绪，害怕受伤，宁愿不理会甚至迁就子女。

父母给子女买了新手机，不久子女就在学校把手机弄丢了，还要求父母马上再买一部。母亲不肯"就范"，子女立刻大发脾气，扔家中的东西。母亲一害怕，就想走开回避，子女竟然拦住母亲不准她走，一定要母亲答应其要求。母亲感到很害怕，只好勉强承诺再买，打算息事宁人。心里却想：暂时应承，至于买不买日后再说。

这类父母可能对负面情绪比较敏感，在子女的情绪面前显得软弱无力，事事迁就；如此一来，子女只会为所欲为，甚至继续用情绪来要挟父母，问题根本没有得到解决。

青少年大都冲动和心急，沟通前，父母先要让子女冷静下来，放慢彼此的节奏。

其实父母可以这样说：

·清楚子女的感受和需求，并让子女知道："我知道你手机丢了不开心，想很快再买一部。"

·不用立即做决定，重要的是保证双方有继续商量的机会："我不想立刻做出决定，找个机会我们好好商量一下，再决定如何处理。"

盲点3：父母对情绪没有清晰的概念。

中国人较少表达感受，以为即使不讲，对方也会明白，或以为睡醒了明天就无事了，或认为子女可以在很短的时间内稳定下来；或不知道子女的情绪可能跟别的事情、双方关系或过去的负面体验有关。

女儿放学回来，父亲问："为何今天那么晚回家？"

女儿一声不响地冲入房间。父亲心想，女儿态度如此恶劣，又不知道她今天发什么小姐脾气。准备吃晚饭时，父亲用力拍打她的房门："要不要我请你出来吃饭呀？"

女儿板着脸走出来，没精打采，匆匆吃了几口就离开了饭桌。父亲压制不住心中的怒火，大声责骂："你已经闹了这么久的脾气了，为什么我们一家人还要忍受？"

女儿索性把自己关在房间里，整晚都没出来。

父母有时会对子女的情绪感到莫名其妙，事实上，有时连子女自己也未必清楚自己的状况。父母对情绪有个清晰的概念和接纳，会有助于子女处理好自己的情绪。如果父母一时真的不懂子女在想什么，也不用过分心急，那样只会让气氛更加紧张。不如先休息一下，以后找机会再谈。以下是几种建议。

· **表达你对子女的关注：** "我发现你今天似乎不太高兴。"
· **尊重子女，让他们自己选择处理情绪的方式：** "你是想跟我谈谈，还是想自己静一静？"
· **表达体谅，明白子女不会无缘无故地闹脾气：** "我猜你一定是遇到了一些不愉快的事情。"
· **表达你的期望，同时给子女选择：** "不过，我希望我们一家人可以一起吃晚饭，即使你没心情也可以吃几口。可以吗？"

父母可以继续表达自己的期望，或者用网上聊天的方式取代面对面沟通，总之，让子女明白父母的关心。

子女闹情绪时最需要的不是指导，而是父母的聆听。只要父母暂时放下身段，不一味批评教育，让子女充分表达自己的感受，就是对他们最重要的情感支持。

父母情绪"软着陆"

父母也是人，也有情绪。工作、生活已经让父母倍感压力，家中还有一头"小魔怪"。父母工作忙碌，长期压抑情绪，想赶快完成手上的工作。每当夜深人静时，常常慨叹谁知父母心，又很难要求子女足够懂事，能够体谅父母。父母应该怎么办？

父母可以做的就是好好照顾自己的内在感受。当父母遇到子女有情绪时，就想象自己变成了一根羽毛，又轻又软，在空中轻盈地飞舞后慢慢地落在地上。具体方法是什么？

1. 双方冷静

让双方有冷静的时间，父母可以向子女说明："你现在很激动，等你冷静15 分钟后我们再谈。"或者说："妈妈现在有点激动，也需要时间冷静。"之后，**冷静地想想究竟发生了什么事。**只有保持冷静，才能创造商量的机会。

2. 善待自己

受到子女的刺激之后，父母可以先让自己冷静下来，消化感受。或者向配偶和朋友倾诉。**每个人都有情绪。当父母学习接纳子女的情绪时，也要接纳和处理自己的情绪。**我鼓励父母预留时间做自己喜欢做的事情，吃自己喜欢吃的东西，善待自己，帮助自己在情绪中"软着陆"。

3. 为情绪负责

留心自己的言行。当父母跟子女争吵时，情绪一上来往往口不择言。子女的情绪会令父母烦躁和生气，而父母的言行也可能激发子女的情绪。**家长要为自己的情绪负责，必要时先向子女道歉，以身作则。**

父母是否留有足够的空间和时间来调适子女对自己情绪的影响？

给父母打打气

我明白，父母在面对子女情绪时心里也一定非常难受。明明自己是爱护和关心子女，结果换来的却是他们的拒绝甚至反击。这时，父母千万不要灰心，很多时候子女往往是一时冲动，事后，他们也会感到后悔。子女的"暴风期"终会过去，父母可以稍事休息，继续前行。

本章金句

沟通的心法是：情绪没道理。

练习

练习一：青少年压力量表

很多时候，青少年的情绪来自他们面对的压力。如果父母能够了解他们的压力状况，自然容易掌握他们的情绪。下面这个量表列出了每种压力的指数。请你估计子女在最近 12 个月内可能经历的每一项情况，统计他们的压力指数。

压力源	指数
同伴或父母离世	100
父母离婚	65
进入青春期	65
怀孕（或造成怀孕）	65
失恋	65
违法	60
家庭其他成员离世	60
取消婚约	60
订婚	55
个人严重受伤或罹患疾病	50
结婚	45
进入新的学习阶段，如升初中或升高中或入大学	45
独立或责任转变	45
使用毒品或酒精	45
被学校退学	45
变相使用毒品或酒精	45
和同伴或家庭成员恢复交往	45
在学校惹了麻烦	40
有家庭成员存在严重的健康问题	40
上学期间做兼职	35
每周工作超过 40 小时	35
学习环境或课程有变动	35
经常性的约会有改变	35
有性别适应问题	35
家中增添新成员	35

工作或学校责任有变	35
经济出现问题	35
亲近的朋友离世	30
与同伴或家人吵架次数增加	30
每天睡眠时间少于 8 小时	30
与家人无法和睦相处	30
个人获得杰出成就（得奖或升级）	25
父母开始或停止工作	25
开学或学期结束	25
居住状况改变（有客人、装修）	20
改变个人习惯（开始或停止一种习惯）	20
长期过敏	20
与老师或长辈有了冲突	20
上学时数改变	20
改变住所	15
转学	15
处于经期前	15
常规活动改变	15
家庭负债或有经济困难	10
家庭聚会次数改变	10
放假旅行	10
暑假	10
轻微犯法	10
总分：	

一般人所能承受的压力在 150 分左右。假如青少年子女最近 12 个月内的压力指数在 250 分或以上，说明他们可能承受了过大的压力，比较容易出现情绪问题。

同时，你也可以为自己做压力评估，只需将有关学习的项目转换成工作，将同伴换成配偶就可以了。看看自己的压力指数为几何，自己对子女的情绪又有多大的承受能力。

（数据来源："Social Readjustment Rating Scale" by Thomas Holmes and Richard Rahe in *Journal of Psychosomatic Research*, 1967）

练习二：子女有什么情绪

仔细阅读下面有关青少年情绪的表述，指出他们可能有什么情绪，并填写一句回应和关心的话语。

注意！青少年很多时候都会用非语言的方式表达个人情绪，所以父母要细心观察并了解他们的感受。

1. 子女没有明显的原因，但会无故哭泣，常常说出很负面的话。

可能的情绪是：＿＿＿＿＿＿＿＿＿＿＿＿＿＿＿＿＿＿＿＿

回应和关心的话语：＿＿＿＿＿＿＿＿＿＿＿＿＿＿＿＿＿＿

2. 子女怨恨某位老师，不停地进行辱骂。

可能的情绪是：＿＿＿＿＿＿＿＿＿＿＿＿＿＿＿＿＿＿＿＿

回应和关心的话语：＿＿＿＿＿＿＿＿＿＿＿＿＿＿＿＿＿＿

3. 子女经常嚷头痛、胃痛，有时难以入睡。

可能的情绪是：＿＿＿＿＿＿＿＿＿＿＿＿＿＿＿＿＿＿＿＿

回应和关心的话语：＿＿＿＿＿＿＿＿＿＿＿＿＿＿＿＿＿＿

4. 子女成绩突然下滑，又无法集中精力学习。

可能的情绪是：＿＿＿＿＿＿＿＿＿＿＿＿＿＿＿＿＿＿＿＿

回应和关心的话语：＿＿＿＿＿＿＿＿＿＿＿＿＿＿＿＿＿＿

练习二建议答案

1. 可能的情绪是：<u>抑郁、伤心。</u>
   回应和关心的话语：<u>你好像不太开心，我会支持你的。</u>

2. 可能的情绪是：<u>愤怒。</u>
   回应和关心的话语：<u>你很生气，老师是否对你做了什么？</u>

3. 可能的情绪是：<u>紧张、焦虑。</u>
   回应和关心的话语：<u>你是不是有压力，最近有什么烦恼吗？</u>

4. 可能的情绪是：<u>抑郁、焦虑、烦躁。</u>
   回应和关心的话语：<u>我见你最近状态很差，很担心你。不用怕，我</u>
   <u>一定会帮你的。可以告诉我吗？</u>

第二章

给你讲了
你也不明白，
白费口舌！

——了解子女的心事

目标：

如何让子女吐露心声。

技巧：

同理心。

引言

　　子女闷闷不乐，父母自然十分关心，但面对青少年子女，即使费了九牛二虎之力也"撬不开"他们的口，这时父母又会感觉自己像个傻瓜，倍感焦急，手足无措。一方面，父母很担心；另一方面，子女不买账。这份不被尊重、"好心没好报"的感觉令父母气愤不已。

　　父母可能无法理解究竟发生了什么，才让自己的孩子不知何时变成了一个陌生人！以前放学后会黏着父母说个不停、对他讲道理他会乖乖地说"知道了"的那个天真烂漫的小孩子，去了哪里？那份亲密的感觉，去了哪里？

情境 女儿拒绝透露真相

小晴因向邻班同学泄露试题，被老师惩罚了。回到家里，一直呆坐一旁闷声不响，于是妈妈走过来询问原委。要不要说，她很犹豫，担心妈妈会责骂质问，徒增烦恼。

妈妈："什么事？放学回来好像一直闷闷不乐？"

小晴："没事……"

妈妈："看你明明有点不开心，说出来吧！"

小晴："说了没事……"

妈妈：（无从入手）"怎么……说吧！我是你妈妈，怎会不知，你平日'尾巴一翘'我都知道你在想什么！"

小晴继续不语，白了妈妈一眼。妈妈心中有气，为什么关心你还要遭你白眼？

妈妈："为何你要这样无礼！你小时候都不是这样子的，什么都会对我讲！"

小晴："……"

开始玩手机。

妈妈："你这算什么态度？我这是关心你！"

小晴："给你讲了你也不明白！"

入房关门！

38

为什么子女总是不肯说？

回答这个问题之前，请大家先想象以下情景：

> 朋友 A 外出旅游，你托他买一件重要的东西。A 回来了，当你向他取货时，他却说从没答应过你。于是，你向朋友 B 诉苦，朋友 B 不相信，甚至认为你可能根本没有托 A 购买任何东西。

> 你再向朋友 C 诉苦，朋友 C 的回应是："什么？他说没答应过帮你买这么重要的东西吗？你一定很生气！"

你对朋友 B 和 C 的回应有什么感受？大部分人都会认定朋友 B 不相信自己，而自己又无端由受害者变成做错事的人，心中更加气愤，心想再也不要向他诉苦了；而朋友 C 的回应则令人心中舒畅，愿意向他倾诉。

对于朋友 C 的回应，我们称之为富有"同理心"。朋友 C 持开放的态度，没有预设的立场，而且能够明白你的感受，让你感到被信任、被理解。

子女不肯向父母透露心事，认为"父母不会明白自己"，他们可能是凭着以往与父母交谈的经验而有这些印象。如本书导读所说，**在这个成长阶段，他们倾向于不多做解释，让父母无从入手。事实上，他们内心也渴望有人能理解。**

因此，父母向子女表达自己能够理解他们是让他们向父母透露心事的重要条件。

同理心让子女感到被理解。

如何让子女愿意聆听自己的声音？
——"先跟后带"

父母除了希望听到子女的心声，更希望能教导子女如何解决问题，对此，可用"先跟后带"的方式与子女进行沟通。

1. 调整心态

· 开放的态度：愿意聆听子女不同的想法，不要马上加以评论，这样子女会感觉得到了父母的尊重，父母不会轻易否定他们的感受，愿意进行真诚的沟通。

· 信任子女：相信子女有能力解决问题，父母可以用引导来代替直接的教导和提醒。

· 与子女同行：子女觉得父母与他们处于平等的沟通位置，可以一起面对问题，一起商量解决的办法。

2. 用同理心进行回应

同理心的定义是回应对方的遭遇和感受，子女会感到父母聆听了他们倾诉并且接纳了他们的感受，更重要的是明白他们所讲的内容。

为了掌握同理心的技巧，可以参考一道"公式"：

"你能够感受到**对方的感受**，是因为**对方的遭遇**。"

如子女说："我好不容易才买到这双新球鞋，穿了一次就弄脏了！"同理心的回应："（你觉得）很生气，好可惜呀！（因为）好不容易才买到的，想不到穿一次就脏了！"

这样的回应是表达父母听到了子女的心声，而且感同身受，让子女感到被理解。

· 疏导子女的情绪；

· 让子女感受到父母对他们的理解，明白父母可以信任；

· 让子女冷静下来，与父母通过理性思考来解决问题。

3. 引导

父母以同理心聆听子女的心声，待其情绪得到宣泄后便可引导他们思考解决问题的方法。我们以本章故事为例示范"先跟后带"的方式。

向邻班同学泄露试题，对父母来说，是非黑即白的是非题，先忍一下，不要责骂，保持开放的态度。

我们先从子女的角度去想。女儿垂头丧气地说自己的糗事，心里其实是很难受的，既然她选择讲出来，很可能是憋不住了，需要他人的安抚。如果得不到安抚，反而换来责难，她很可能会"死撑"，硬说自己没有问题。所以应先体谅她的心情，适当安抚情绪。

女儿被老师处罚后，一定觉得很沮丧。这时，父母富有同理心的回应可以是："是呀，很可怜！"

父母切记，自己的语调也要配合沮丧的心情，不要太浮夸，也要留意女儿的困苦，不要一边忙着炒菜一边说，否则女儿必定回你一句"没事啦"。

> 小晴："就是嘛！个个都这样做，我怎能不考虑同学的需要。"

"这叫帮吗？"——家长，忍下来！继续代入女儿的想法和心情：当女儿觉得"个个都这样做"时，她就已经开始犹疑了，否则便不会以"不考虑"为借口，因为她一时找不到拒绝的理由，感到很为难。对此，父母可以这样回应：

> 妈妈："个个都这样做，你不做就会左右为难吧！"
> 小晴："是！而且邻班同学都说会给我保密的！"

"哎呀！越说越离谱！"——家长，做得好好的，千万别功亏一篑！女儿的想法是，做朋友当然要讲义气，可能上次同学曾给了她"贴士"，女儿不懂拒绝，现在便感觉欠了同学的人情。所以，如果不回报对方，自己就会被责难，甚至被同学四处宣传。所以你的同理心回应可以是：

> 妈妈："你觉得不告诉人家就不够朋友，因为人家曾经帮过你。"
> 小晴："是啦！唉……所以就被处罚了。"

父母可能觉得，女儿的价值观存在偏差，而且你至今也未纠正！但请想想，此刻女儿已将她心里的"人情"与"道德"的挣扎和盘托出，她无所畏惧地告诉父母自己是何等信任你们！让我们继续站在女儿的角度考虑：自己一心想维系朋友关系，却被老师处罚了，真是"做也死，不做也死"！

> 妈妈："你觉得好无奈，好像做什么都会错吧！"
> 小晴："就是！不知该怎么办！"

4. 教导

如果子女慢慢平静下来，开始询问父母怎么办，那么这便是一个重要的信号，表明他们的心情已经开始平复，可以进行理性思考了。此时，切忌给予"你应该／不应该"的建议，否则子女会立即关上心门，让父母的努力前功尽弃。相信子女有独立解决问题的能力，父母可以引导他们思考。例如，可以分享自己类似的遭遇，让子女信服。如果父母有类似的经历，能说出自己的挣扎，子女会觉得你就像他们的朋友一样，这种情况下，子女往往愿意倾听父母的应对方法。

谨记，青少年阶段的主要情绪是烦躁不安，父母要把握说话的时间，能在两分钟说完的故事，效果最好。

> 妈妈："我也曾经遇到过同学想借我的作业本去抄的情况，那时我也感到很为难……我想到了一个对策，就是……我常主动帮同学的忙，他们知道我乐于助人，所以即使拒绝借作业本，同学也没有与我绝交！"

父母可能有更好的办法，这时候可以好好发挥了！

不要忘记给子女一些鼓励和肯定："这件事不容易，可能最初不易做好，但我相信你会慢慢解决的。"

父母都希望子女懂事，而懂事需要经过耐心的引导。青少年子女尝试自行解决问题时，开始并不一定参考父母的办法；但父母不要气馁，重要的是让他们学会思考，做出选择，这有助于培养他们独立处事的能力。要是子女遇到了更多的挫折，甚至做得一团糟，父母要及时给予他们安慰和肯定，这样，他们就能从父母身上汲取力量，相信自己能越做越好。

最后，不论子女如何选择，父母都无须介怀，这样，子女便会认定可以向父母展现真实的自己，父母可以借此给予及时的指导和帮助，从而达到真诚沟通的目的。

多从子女的角度去
揣摩他们的感受和想法。

做好父母有何难

用同理心沟通会遇到的困难

困难 1：我运用了同理心，子女却"打蛇随棍上"，要我满足他们的要求，如何是好？

> 儿子："我的手机丢了，不能与同学聊天了，他们做什么我都不知道，好烦呀！"
>
> 父母："你怕不能与同学保持联络，会参加不了他们的活动吧？"
>
> 儿子："对！快快给我买一部新的！反正我都想换最新型号的。"
>
> 父母："……"
>
> （怎么办？）

明白子女的需要并不等于满足他们的任何要求，与子女的亲密关系也不是建立在事事满足他们的需求上。有时子女会向父母明示或暗示"你不给我，便是不爱我"，父母只要清楚真正的爱是什么，便不会轻易改变自己的原则。

就以上情况，父母可以这样回应：

> 父母："你不能时时与同学保持联络，的确很不方便。不过手机价值不菲，我无法立即买给你。我有一部用过的，也可以上网，你要不要？"
>
> 儿子："这部款式好旧呀，怎么拿出来见人呀？"
>
> 父母："不要紧，你自己考虑一下。不过要小心保管，要是再丢失，就真的没有手机可用了。"

这样，父母既能体谅子女的困难，替他分忧，又表明了自己的立场，实现了沟通的目的。

困难 2：我觉得子女讲的不是事实，我应该怎么办?

> 儿子："这个老师老是针对我。哼！"

父母可能觉得，老师未必是故意针对儿子，这只是儿子的主观想法。但又担心儿子对老师有了偏见后上学会不开心，或者事事跟老师作对。这时父母必然很想劝他……

此时，让我们先放下真假对错，尝试代入对方的处境，掌握对方的主观经验和感受，以同理心回应。请记住，既然是主观感受，就不一定是事实。

儿子说出这句话时，他的感受是什么？被人针对，一定很生气、很难受吧！

父母只需要复述儿子的主观感受，不需要加入个人的主观见解。但这并不等于父母相信这是事实。到底是老师针对儿子还是只是个别事件，并不清楚，所以不宜太快下定论。这时，父母应先聆听儿子的主观感受，疏导他的情绪，然后引导他采用适宜的方法去面对。

困难 3：子女抱怨我，我也要用同理心吗?

父母见到孩子的衬衣已穿到发黄有污渍，于是便拿去洗了，谁知孩子却说："你为什么不问我就擅自把我的衬衣洗了？我今天本来还打算穿的！搞没搞错呀？"

面对子女的顶撞，父母自然会感到委屈和愤怒。父母可能觉得，替你洗衣服还要被你抱怨，还有什么尊严？然而，请记住，这是处于青少年成长阶段的子女在向父母争取自主权，他穿脏衣服被朋友嫌弃，下次便会学乖，这是子女学习社交之道的过程。

面对以上情况，父母要先平复自己的情绪。如果未能实时对应也不要紧，毕竟被子女指责也是很难受的。父母可以表明大家都需要空间冷静，然后暂时离开，避免产生冲突。

当情绪稳定下来时，可试着以同理心回应子女——

父母："你不喜欢我没问过你就拿你的衬衣去洗，你很生气吧？"
子女："是！你知道我打算穿什么吗？你怎么可以自以为是！"
父母："（我明白了）你打算今天穿，现在却打乱了安排。"或"（我知道）你
　　　希望自己决定，不是我来替你做决定。"

这样，子女会知道父母明白他的意思，情绪也会逐渐得到缓解。

人无完人，父母也不会完全知道子女介意些什么，这些情况在青少年阶段很普遍，父母无须介怀，大家好好沟通便可。

困难 4：即使运用同理心，子女的问题仍然存在并反复出现，令我很厌烦。

子女："今天 A 同学很坏，他又欺负我！"
父母："你回到家也还在为这件事生气吧！他怎么欺负你？"
　　　（如是重复了 10 天）
子女："今天 J 同学很坏，又欺负我！"
父母："唉，你天天都是这几句！好烦呀！我听了 10 天你都只有这句话，为何
　　　你不能学聪明点？"

不少父母面对这种情况，子女不说又担心，一旦肯说，同一个问题天天重复，父母天天响应、引导，却还是老样子。如此，父母只感到自己的响应好像对他们没有半点帮助，感到很气馁，又担心子女不长进，学不会保护自己。

其实，父母不必过于担心，如果你发现子女每次跟你分享以后情绪都能得到缓解，就说明你的同理心已发挥效用了。学习社交并非一朝一夕之事，子女反复遇到同样的问题，累积了一些情绪需要找父母疏导，也是很正常的。只要持之以恒，父母会发现，子女的抱怨愈来愈少，情绪也愈来愈容易平复，甚至能自己独立想出解决问题的方法。

困难 5：我用了同理心，子女说我好假。

父母开始运用同理心时可能会显得有些生硬，子女可能也会感到陌生，不太适应。对此，父母不要感到沮丧，只需保持真诚的态度，一定能赢得子女的信任。

困难 6：儿子把我气得七窍生烟，还如何运用同理心？

大概父母都有过气上心头，什么技巧也使不出的感觉。父母自觉为子女付出那么多，反而换来他们的顶撞，想想真是很不值得。然而，很多父母事后又会感到后悔，自责为何不能忍一时之气，甚至会疑惑，这些技巧真的有用吗？

被自己用心对待的人顶撞真的很心痛，父母的委屈确实可以理解。的确，一种新的技巧不是一时半会儿就能熟练掌握的，但只要有决心，反复练习，慢慢从同类经验中调校出相应的心态，久而久之，便能得心应手。

父母辛劳一天后，难免容易带着情绪回家。回家前不妨给自己一点安静的时间，到公园坐一会儿，调整一下心情，也许很有帮助。

父母会运用同理心，向子女表达你是明白他们的，便能促进亲子关系。然而信任的建立不是一朝一夕的，必须持之以恒，切勿反复无常。此外，同理心能促进亲子沟通，是教育的基础，然而教育仍然需要更多技巧，包括持守界限等。

困难 7：因为没有运用同理心，与孩子发生了争吵，应如何补救？

先让双方冷静一下，之后仍可以运用同理心重启对话。

父母："你觉得我们总是不明白你，感到很失望。"（同理心）

子女："不失望，讲了 100 次你们也不会明白。"

父母：（哪有 100 次？真夸张）"坚持讲了 100 次，你真的好想让我们明白呀！"
　　　（同理心）

子女："……"（看来你们终于有点明白了）

父母："爸妈都心急，忽略了你的感受。你现在能清楚地告诉我们，让我们更明白你，我们很开心！希望你以后能继续告诉我们，好吗？"（"我的信息"，请参见第三章）

父母理解子女的失望并鼓励他们继续表达，是重建双方沟通的重要一步。

在发生激烈冲突时，难以向对方施展同理心对话，应以降温为先。请参见第七章如何化解冲突，第十章也会讲解父母应如何处理自己的情绪。

运用同理心，先舒缓子女的情绪，
为双方创造对话空间。

了解子女的困难

为什么子女会觉得父母不了解自己？因为有时青少年子女说的话实在是太吓人了。

要了解青少年子女很难！他们好像奉行另一套价值观，令父母难以理解。很多父母教导子女从小就要诚实守信，现今看到子女犯规却一丝歉疚也没有。父母越想越担心，于是急忙把大道理重复讲上好几遍，子女却偏偏掩耳不听！下次再遇到这种情况，父母先不要急着讲道理，让我们来了解一下这到底是怎么一回事。

"自我统整"的任务

让我们重温导读，从青少年的成长任务的角度来认识问题。**青少年阶段的一个重要成长任务是朋辈认同，所以在这个阶段，朋辈关系几乎是首要的。**子女在对朋友保持忠诚与是非对错之间做出抉择，感到很为难。一旦处理不慎，不仅会失去朋友，还可能受到同辈的排挤，这对他们来说是非常痛苦的。然而，父母师长教导的诚信，仍是他们从小便认知的道德良知。因此，他们要学习整合这两种重要的价值观。父母只要捕捉到子女的两难心态，加以引导，就能让子女茅塞顿开！

父母难以知晓的其他原因

除了成长因素，导致父母不能理解子女的原因还有以下几点。

1. 担心子女钻牛角尖

当子女表达忧愁和愤怒时，父母会担心他们的情绪过于负面和钻牛角尖，于是想帮助他们走出来，又说出一番道理。这原本是一番好意，但是子女却认为父母不接纳他们真实的感受，不说也罢。上一章提到，情绪是很奇妙的，接纳负面的情绪，便能有所化解；子女感到父母明白他们后，情绪便会好起来。所以聆听子女的心声，接纳他们的情绪，便是最好的帮助。

2. 用成年人的标准看待子女

父母会担心子女不具备独立处事的能力和学习的能力，将来会在生活中遇到困难，无意间会以成年人的眼光和处事方法去对待子女，认为只要懂事，自然能解决问题。例如，对问题应先知先觉，做事应主动自觉，有自制力，时间安排妥当，处处为别人着想，等等。父母可以多想一想，青少年时期是子女的学习时期，以上能力和经验自己也是花了很长时间才获得的。父母应容许子女在错误中学习，这样学到的经验和教训才属于他们自己。

3. 认为子女无理取闹

父母觉得子女的要求十分无理，并且纠缠不休，简直不胜其烦。例如，有子女常悻悻然地提起过往父母没有遵守承诺的事，父母固然认为重提旧事于事无补，也希望子女不要记着过去的不快之事。然而，对于子女来说，未完成的心愿就像一本打开了却未读完的故事书，仍然等待着一个结局。他们需要的不是补偿，而是父母的理解，只有这样，他们方能圆满地把书合上。以遵守承诺为例，父母可以回应："我明白那个承诺对你很重要，当时没有兑现，令你好失望，我也感到可惜。"子女知道父母听到了他们的心声，情绪便会得到舒缓。

4. 与他人比较

父母有时会将子女与童年的自己或他人进行比较，难以明白"为什么自己能做到，别人能做到，唯独自己的孩子却做不到。"其实这是抽离人物背景的举动。例如，两人是同班同学，一个在校外活动中遇到良师，激发了学习热情；另一个却被动地上补习班，对学习产生了恐惧，学习效果自然有天壤之别。另外，成长于 20 世纪 70 年代的人很多都曾经历过贫穷的生活，父母均为生计奔波，对子女疏于照顾。但正因如此，他们有很高的自由度去探索自己的路，尝过贫穷的滋味令他们更有奋斗的动力。现在的孩子一出生便已受尽万千宠爱，学习的竞争气氛和自由度均大不如从前。在这些迥异的背景之下，很难把两者的行为表现进行简单的比较。

5. 时代文化差异

因成长年代不同，父母有时难以明白子女的生活所需。例如，父母很难掌握信息科技、网络文化等，这些东西转变快，新兴内容多，刚学懂了的知识可能转眼就又过时了，追不上子女的信息更新速度。很多父母认为子女使用这些信息化的产品纯属娱乐，但对于被称为"网络原住民"的子女来说，信息科技往往是生活的必需品。

另外，网络也是危机四伏的地方。上网成瘾、结交陌生人、泄露个人资料甚至网络欺凌的情况时有耳闻。因此，父母对子女难以完全放心，两代人之间会因使用电脑的时间，用途，购买新款手机，网络游戏点数，探看子女的网上讨论等问题产生摩擦。父母对青少年子女的教育和保护仍是必需的，同时也要多聆听子女的心声，多了解子女的想法，才能对其加以有效引导。

青少年在成长发展过程中常致力于确立自我，创立独特的文化，以显示自己与上一代人的不同，这从他们特有的沟通术语、衣着、喜好等方面可见一斑。父母有时会觉得他们说话过于刺耳，甚至有一代不如一代的感觉。对此，父母可以从尊重差异的角度去理解，不必太介意自己不明白他们的文化，勉强追赶。有兴趣的话，可以上网查询信息，或以开放的态度与子女讨论。父母也可以有自己的原则，例如向子女表明不可以接受什么程度的粗俗说话方式等（详情可参见第四章）。

当青少年遇上生命难题，
最需要的还是父母的指导。

给父母的心法

聆听的力量

运用同理心重在聆听。聆听对方讲话，除了有助于沟通、解决问题，同时还有心灵疗愈的作用。

> 一对父女在辅导教室门外，吵得不可开交。
>
> 父亲："明明约了你，你却迟到！"
>
> 女儿："怎么啦，只怪你没说清楚！我问你怎么来这儿，你只会在电话里大吵大闹！"
>
> 父亲："我已经告诉你怎么走，你就是没有听我的！"
>
> 女儿："你才没有听我讲！"

这样的家庭，每天只会围着各种琐事冲突摩擦不断，有时甚至大动干戈。每次争吵，他们都会指责对方"没有听我讲"，他们就像两部没有开启接收器，却不断互发信息的手机，他们渴望对方能"听"到自己的心声，但彼此的心意最终却石沉大海。

因此，我在辅导过程中会先邀请父母和子女双方仔细聆听对方讲话，不要急于回应。**聆听，是要听到对方的主观经验和感受。**一方面，按照女儿的说法，她在路上听不懂父亲的指示，感到很茫然，又怕被父亲责怪……原来女儿一直渴望得到父亲耐心的指引，给她方向，给她安全感。另一方面，父亲的讲述透露出，他担心女儿现在上学就经常迟到，将来上班肯定会吃亏。原来父亲自己初入职场便遇到了十分严厉的上司，令他饱受煎熬，故此希望能保护女儿免遭自己这样的"厄运"。

女儿倾诉心中情感后，又听到父亲诉说对自己的爱护，不禁流下眼泪，心里的伤痛也渐渐被疗愈。

父母对子女有很多美好的愿望，只是碍于个人心结，或受外界环境干扰，变得有些焦急担忧，才导致自己这番良苦用心被掩盖了。

如何使子女对父母有同理心？

青少年最易受父母的影响，只要父母坚持运用同理心，子女也会耳濡目染，以后在面对父母和其他人时，也会运用同理心进行沟通。其中最难掌握的是情绪的表达，如果子女多听父母的回应，那么自然会了解和明白如何表达情绪。

不过，青少年在成长阶段容易感到焦躁不安，自己又无法排遣。因此，他们在回应时常带有不耐烦的语气，未必能够及时运用同理心，请父母谅解。

请相信，若父母一直学习运用同理心，
子女最终会明白的。

给父母打打气

同理心不是什么技巧，而是具体的行动。父母都爱自己的子女，对他们怀有美好的期望，而关爱应与期望并存，让子女感受到父母期望背后的善意，也能帮助父母调校合理的期望值。父母怀有关爱之心，听到子女的心声，陪他们一起度过青春期，那将是多么美好的回忆！

父母有时会担心自己开放的态度会纵容子女，后果将不堪设想。其实，开放的讨论能引导子女有效学习思考和进行选择，并为自己的选择负责，对他们的成长尤为重要。

漫漫人生路，很多是非曲直，不是几句话就说得清楚的。谁没有经历过两难的境况？只有经过岁月的历练，才能获得人生的智慧。

本章金句

**子女渴望在父母面前
展现真实的自己。**

练习

练习一：同理心的回应

1. 下列哪一句话是具有同理心的回应？

女儿明天要参加游泳比赛，她说：

"我游得愈来愈慢，明天一定会出丑……"

（　）做人应该向前看！别终日唉声叹气！只要有信心，一定可以成功。

（　）你应该找出自己游得愈来愈慢的原因并加以改善，只有这样，才能有所
进步。

（　）只要尽力就可以了，何必在意人家的目光？

（　）你对自己没太大的信心，担心明日表现失常。

2. 儿子向你诉苦：

"小强明明说好暑假和我一起参加游学团。我在学校报了名，也交了团费，
他才说忘了告诉我他改变主意了！岂有此理！我一个人孤零零地去游学，日子
可怎么过啊，我不想再和他做朋友！"

（　）做人应该宽宏大量，要善于原谅别人的过失，否则谁愿意和与你做朋友！

（　）经一事，长一智，与其责怪小强，不如先反省自己，如何避免同类事情
的再次发生。

（　）小强改变主意又忘了告诉你，使你好狼狈，你一定很恼他。

（　）你报游学团是为了充实自己，不是因为别人才报的吧？不要因为朋友失
约而失去学习的目标嘛！

练习二：回应对方的主观经验与感受

"我不想再做那份小组报告了，明明大家各自负责不同的部分，他们没有准时完成，却要我承担他们未做的责任，我不想做啦！"

例如：主观经验：<u>同学没有完成自己的部分／同学不负责任。</u>
感受：<u>生气／发怒 。</u>

在交谈的过程中，要回应对方的主观经验与感受。为了方便掌握，可以参考以下句式。

你觉得<u>（ 情绪词汇 ）</u>，因为<u>（ 描述对方的主观经验／遭遇 ）</u>。
例子：你觉得 <u>好委屈</u> ，因为 <u>同学不相信你没说人是非</u> 。

请在以下情境中运用上述句式。

1. 老师布置的作业太难了！我不想做！你明天替我请假，我不去上学了！

_____

2. 为什么你总是来烦我？妹妹都还没有做完作业，你不如去教教她吧。

_____

练习三：运用同理心与子女对话

1. 儿子："喂！我同你有仇吗！你为何老是强迫我吃东西！"

   你的同理心回应： _____

2. 儿子："我胖了好多，现在班上人人笑我是肥仔！"

   你的同理心回应： _____

3. 儿子："我想不通！我天天同文轩、梓杰一起吃饭，他们没有长胖，

   只有我长胖了！怎么会这样呢？"

   你的同理心回应： _____

4. 儿子："你知道吗，文轩打篮球越打越好，梓杰呢，风趣幽默，

   很多同学围着他俩！我却越长越胖！"

   你的同理心回应： _____

5. 儿子："唉，我一向都比不上别人，我只是一根废柴。"

   你的同理心回应： _____

6. 儿子："我呢，身边有谁？终日只有'阿愁'走过来，一味地向我抱怨，

   又说得不到女孩子的欢心，又说被爸爸责骂，不知该怎么办，什么都

   硬要告诉我！"

   你的同理心回应： _____

练习一建议答案

1. （√）你对自己没太大的信心，担心明日表现失常。
2. （√）小强改变主意又忘了告诉你，使你好狼狈，你一定很恼他。

练习二建议答案

1. 你觉得好吃力，因为作业太难做。

   句式是这样没错，化为较常用的讲法可以是：

   你觉得作业真的太难啦！简直要命！

2. 你觉得气愤／不公平，因为我只追问你做完作业没有，而没有问妹妹。

练习三建议答案

1. 你不想我给你东西吃？
2. 被人取笑是一个胖子，一定很难受！
3. 大家一起吃饭，只有你一个人胖了，你觉得很不公平！
4. 你觉得运动不及文轩，说话不及梓杰，很难像他们一样受同学欢迎。
5. 你感到内心有点消沉。
6. 你似乎能吸引别人向你倾诉心事。

第三章

你说啥都对！

——跟子女讲道理

目标:

让子女了解你的要求。

技巧:

"我的信息"。

引言

　　父母平日常常想提醒子女，可是要做到这一点非常不容易。

　　日常生活中单是一件小小的家务事，父母就要跟子女纠缠半天。比如，放学后有没有收拾好东西、做作业、吃饭、洗澡……每一件事都要三催四请，父母实在不胜其烦。

情境 儿子拒绝收拾

儿子每次都答应妈妈帮忙收拾洗好的衣服，但几天过去了仍然没有行动。这次，衣服在阳台上已经挂了3天。

妈妈："小望，衣服挂在阳台好几天了，你打算什么时候收拾呀？"

小望：（很不耐烦）"得啦！"

妈妈："得得得！次次都说得！已经过了几天了，就是没见你行动。"

小望："别吵啦！过一会儿就收。"

妈妈："什么别吵，你以为我想常常唠叨你吗？经常什么事情都拖延好几天，我没要求你洗衣服，只要求你收拾衣服吧，你就是要拖吗？"

小望："什么好几天呀，上一次都是我收的！"

妈妈："要不是我催促，你会收拾吗？"

小望："哪里要你催促了呀？"

妈妈："你总是不肯承认！"

小望："你成天冤枉我！"

妈妈："整天说我冤枉你！做事总不主动，怎么不想想这是你的家，做家务是你的责任。你这样懒，将来怎样在社会上生存……"

小望："好啦好啦！什么事情都是你对啦！"

为何父母难以信任子女？

父母真正关注的，当然不是子女有没有做好家务，而是他们是否有责任感，能否主动自觉，但是这些话对子女讲了上千遍，他们都好像没听进去，甚至会以一句"你已经讲了九千多次啦！什么话都让你讲完了！"来回应。

父母难以信任子女，也因为子女的表现令他们放心不下，具体表现在以下4个方面。

1. 子女没有遵守承诺

子女尝试自行处理事情时，因种种原因答应后又反悔，他们因担心父母不会体谅自己而选择隐瞒。后来终被父母发现，父母因难以信任他们而接连追问，从而形成恶性循环。

2. 子女透露信息太少

子女为了守护自己的空间，不愿对父母透露太多自己的事情。在回答父母的询问时常常含糊其词，令父母感到不安。

3. 行为屡劝不改

当子女不直接与父母沟通时，父母常常感到难以帮助子女。很多时候予以提醒后，子女只敷衍道"知道啦"却没有付诸行动，或表现懒散，再追问也只有同样的回应，令父母放心不下，担心包容变成纵容。

4. 情绪表达激烈

父母感到子女有诸多隐瞒，又总以激烈的情绪回应父母的提问，导致双方冲突多过沟通，难以建立互信。

父母提醒而子女回避，"一追一逃"，
形成不信任的恶性循环。

64

父母如何表达要求： "先跟后带"

父母表达要求，往往也需要"先跟后带"，一方面，要了解子女的意愿和限制；另一方面，要让子女感受到父母的理解，让他们放下防卫之心，再表达自己的关心和要求，这样双方的沟通才能见效。

1. 检视自己的心态

· 心口如一：父母应留意自己的表达，做到心口如一；

· 开放和信任：与子女讨论，信任子女经思考后做出的决定，子女的选择可能不如你所愿，但请接纳他们，因为他们仍处于学习阶段。

2. 运用同理心

运用同理心聆听子女的心声，让子女感到父母理解他们。（请参考第二章）

3. 使用"我的信息"

如第一章所说，人与人之间的对话要包含"事、理、情"。对话要有"情"，包括自己的"情"和尝试明白对方的"情"，即所谓"情理兼备"。

这章介绍一种名为"我的信息"的技巧，有助于父母说出"事、理、情"。

"我的信息"是指描述在特定情景下你所看到的具体行为，说出你的感受和原因。要掌握"我的信息"，可以参考一道"公式"：

"（在特定情景下子女的具体行动），我觉得（自己的感受），因为（原因）。"

例如：

· **表达感受** 父母说："上周你承诺替我安装计算机软件，但等了几天你都未安装，我感到有点无助，因为我不熟悉计算机，真的好需要你帮忙。"

· **表达期望** 父母说："你有空替我安装软件吗？"（给子女一些具体的引导或和他们商讨解决之法）

"我的信息"的好处

· 向子女传递父母的要求和心情；
· 父母的描述只集中在事情和个人感受上，没有指责，在这种情况下，子女会感到被尊重，也不会引发争辩；
· 可帮助子女反思个人行为，使他们愿意做出改变。

如果希望讨论顺利，就应该在沟通过程中多用同理心，了解子女的意愿，这样可以让子女感到父母与他们同行，放下防卫之心。最后，通过"我的信息"明确表达自己的要求，容易达成共识，收到教育之效。不过父母在使用"我的信息"时要注意，不宜表达愤怒等强烈的负面情绪，以免变表达为发泄。如果双方情绪激动，宜先行离开，给现场降温。

"先跟后带"练习

1. 用"我的信息"表达感受 / 开始沟通

可以先感受一下父母的心情：儿子几天都未收拾衣服，对父母有什么影响？父母的心情如何？父母可能感到很不方便，而"旗海阵"又实在有碍景观。因此，父母可以用"我的信息"做开场白。

妈妈："小望，你答应替我收拾晾干的衣服，但这些衣服晾在阳台已经几日了，

> 我没有衣服可以换，只好从衣架上直接取下来，很不方便！阳台挂满衣服也不好看。我想你在衣服晾干后尽快收好。"

你可能认为，此刻你充满愤怒，而子女任凭你怎么说都不做，可否直接表达自己的愤怒？例如："我觉得好生气，因为怎么说你都不做！"

本来愤怒是人之常"情"，可是一旦开始表达愤怒，便会按捺不住发连珠炮，最后骂个不停。然后，子女也只会以"你整天骂我"来终止对话。为了实现良好的沟通，还是应先压制怒气，表达自己的"不方便"。

当然，当父母用"我的信息"表达感受后，子女不一定听从。不过，对"我的信息"大部分人较易入耳，引起的对抗程度较低。所以，在父母表达了感受和要求后，子女的实时反应很可能是下面的情形。

> 小望："得啦得啦！我一会儿去收！"

2. 以同理心明了对方

此时父母的怒气可能又再次涌上心头，感觉子女态度不好，似乎在敷衍你。第二章提过，沟通的不二法门是"忍耐"。让我们先尝试以同理心和子女交谈，给他们更多的理解吧！

> 妈妈："你似乎不太想做？"
> 小望："有谁想做家务呀？"

经过第二章的训练父母应该知道，就算脑海中浮起"只有你不想做，你以为我就好想做"之类的话，也请放在心中，不要说出口。继续以同理心与子女多交谈一会儿吧！

> 妈妈："你觉得妈妈是在强迫你做家务？"
> 小望："当然……就说晾衣服吧，既然天天要穿，为何要收入衣柜？"
> 妈妈："你认为这件事多余吗？"

小望："当然！你还整天催，其实你这样好烦呀！"

妈妈："这么多道理，真的好烦呀！"

小望："就是了！我上次收了衣服后，你只会说应当早做好，还要叮嘱我下次要快快做，做了又做，为了什么？几时能停？"

如果父母打算天天与子女纠缠于"既然天天要穿，为何要收入衣柜"是什么歪理，便会离开焦点。子女之所以讲出这种"歪理"，是他们找不到做这件事的意义。

3. 以"我的信息"表达感受和讲道理

这时可以用"我的信息"来响应。

妈妈："你说的这些有道理，我应该多谢你替我收衣服，这样我才有时间休息，我真的好高兴。"

不要期望子女会给你满意的回应，不过这些话会让他们感到温暖。

用"我的信息"向子女表达父母的谢意后，也可以说出要求子女做家务的想法和感受。催促子女做家务是一份苦差，其实父母的心意远远不止于此。

妈妈："我并不想催促你，因为大家都很辛苦，但我也不想见到这么多衣服天天挂在阳台，更希望你答应的事可以完成。"

小望："那么，我下次快快做吧！"

4. 设法协助子女完成任务

你可能对子女的承诺半信半疑，毕竟他们已经不是第一次食言；但若不信任他们，双方可能又要吵起来。与其理论，不如设法协助他们完成任务。

妈妈："好吧！不如你先替我收拾阳台这批衣服？"

小望："我一会儿去收。"（没有确定的时间，并不具体）

妈妈："好的，一会儿是什么时候？"（表达具体的要求）

小望： "哎……呀……收拾衣服好无聊呀……"
　　　（子女表达拖延的真正原因，是好事）

妈妈： "你觉得一个人做很无聊。那你有什么好的建议吗？"
　　　（同理心，落实具体的安排）

小望： "……不如我收拾时，你在客厅陪我，我们一边谈一边收拾，可以吗？这样就不会那么无聊。"

儿子这个建议足够具体，可以"收货"。但父母可能已经快要昏倒了，家务已经够忙碌的，还要陪他，还不如自己做好了！

　　且慢，帮助子女养成好的习惯确实不容易，但这些习惯能让子女受用一生，你的付出是很值得的。前文提过，对子女来说感受到被爱是很重要的。虽然青少年子女不会宣之于口，但若父母细心留意，他们往往借故希望父母陪伴。很多家长的经验是，在陪伴的过程中，子女会主动透露心事，实在是意外收获。

对子女来说，最重要的回报是被父母疼爱，
　　　感受到父母的欣赏和感激之情。

做好父母有何难

使用"我的信息"沟通会遇到的困难

1. 以"我的信息"指出子女的行为问题，为何以吵架收场？

> 爸爸："还未开饭，为何鸡腿和鸡翅都不翼而飞了？"
>
> 儿子："我刚才太饿，吃了。"
>
> 爸爸："我觉得好失望。你好自私，吃掉最美味的东西，不管其他人的感受！"
>
> 儿子："我肚子饿嘛，你一开口就只会骂人！"
>
> 吵架收场。

爸爸的确用了"我觉得好失望"来表达感受，很有进步，值得嘉许！问题出在"你好自私"这句话上。使用"我的信息"时，应客观描述子女的行为（例如："你把鸡腿和鸡翅都吃光了"），而不去揣测他们的动机（例如：自私、懒惰、小气等）。爸爸可以这样表达：

> 爸爸："……肚子饿的确要吃东西（同理心）！不过我感到有点失望，因为你把鸡腿和鸡翅都吃掉，其他人就吃不到了。我希望你下次可以说一声，而不是偷偷把东西吃光！（我的信息）"

这种说法，让儿子明白爸爸只是针对他的行为，而不是他的人格，因此他也较能理解爸爸的期望。

2. 为什么我已经说"我觉得……"，子女还是生我的气?

> 妈妈: "你答应我 10 点前会回家，结果 12 点才回来。我打电话给你，你又不接。我觉得你没有理会我的感受，没有遵守承诺，我不知道以后还能不能信任你!"
>
> 女儿: "那你以后就千万别信我好了!"

妈妈不断运用"我的信息"，为何女儿仍会发火? 原来妈妈只在"我的信息"前加上了"我觉得"! 所以，请千万记住，"我觉得"后面要跟上个人感受，例如开心、难受、紧张等，要表达的是"情"。

那么，妈妈的感受是什么呢? 好不容易等到女儿回家，恨不得好好大骂一顿。但正如上文所说，如果随意表达自己的怒气，下场会很惨。只有把自己对子女安然无恙的关心之"情"传递到他们心中，沟通才有意义。

> 妈妈: "你答应我 10 点前会回家，结果 12 点才回来。我打电话给你，你又不接。我一直很担心，不知你会遇上什么意外，直到你回来，我心里的石头才落了地。"

子女只有感受到自己在父母心中的重要位置，才会知道珍惜自己，避免意外发生。

3. 使用"我的信息"后，子女的行为仍然没有改善，怎么办?

有一位爸爸自白: 儿子每天打游戏，只要一让他关机，就会大吵一场，即使运用"我的信息"也没两样。

"我的信息"不只是一种技巧，更是一种心态的调整，父母要表达个人的想法和感受，不是要直接指出子女的错处，而是让他们明白父母背后的好意。但要子女改变行为，父母需要言行一致。如打游戏，很多父母在劝导子女时，会害怕子女大吵大闹而难以坚持到底，或是自己憋不住气而与子女大吵一场，甚至大打出手，最终无法划清界限。

立界限是一项耐力赛，父母在要求子女关机时，需要耐心坚持，并控制好个人情绪。这样，才能传递给子女一个信息——父母是控制大局的。因此，沟通只有加上一致的行动配合，才能达到教育的目的。

运用"我的信息"，表达父母之情，
注意子女感受，建立亲子关系。

为何子女不愿接受父母的提醒？

谋求独立自主的青少年，做决定、处事等都想独立完成。因此，青少年对父母会有如下期望。

1. 期望被信任

虽然很多父母无意看轻子女，但是在提醒、建议时可能会无意中流露出一种我高你低的意味，会向子女暗示，你们做不来，需要父母的指导，而这正是青少年子女感到不开心的原因。子女经过提醒才会做，会变得有依赖性，没有自觉性。青少年很多时候做事有头无尾，答应了却没做，这往往不是故意的，有时他们只是没有列出做事所需的周详计划，没有掌握好人际沟通的方法。**父母可在布置任务的同时给予具体的引导，帮助他们拟订计划。**

2. 期望被谅解

父母在纠正子女行为时往往过于心急，忽略了改变是需要一个较长的过程。父母要根据子女的意愿和限制调校过高的期望。例如，要求青少年子女妥善保管自己的物品，不要遗失，这本是合理要求，可是如果子女自理能力欠佳，或是专注力不足，要一蹴而就，往往难以如愿。对这些子女，**如果父母能欣赏他们每一个小小的进步，给予正面回馈，一定有利于规范他们的新行为。**

3. 期望被肯定

你是否遇到过以下情景：某次过节你在家里款待夫家亲戚，一直在厨房忙个不停。可是大家酒足饭饱后一哄而散，竟然没有一声道谢。你收拾残局时不禁会问道："我这样辛苦是为了谁？"丈夫回应你一句："这是你为人儿媳的责任！你埋怨辛苦？我天天上班也很辛苦嘛！"听到这些话，你会有什么感受？相信大部分人都会感到很气愤，认为自己的辛劳付出是不值得的，别指望再有下一次。这类讲道理的话毫无对付出者的欣赏之"情"，听到的人会格外心寒。

不过，如果夫家亲戚大加赞赏，丈夫又十分感激你的付出，你可能会想："我的努力是值得的，我下次要做得更好！"

父母提醒子女时也不能只顾讲道理，子女难免要回一句"你说什么都是对的啦！""顶心顶肺"之余，心里又不服气。**换一个角度，如果子女完成了家务，即使你不大满意，仍需表达赞赏和感激，这样他们会认为自己的付出是值得的。**

4. 期望被尊重

父母指出子女的行为问题，是希望他们改善，出发点往往是好的，可是子女总是反驳。为什么？我们可以重温一下妈妈的话。

例如："你打算什么时候收拾呀！""你以为我好想唠叨你吗？"有没有留意在对话中，妈妈的话多次以"你"来开始，这些内容我们称之为"你的信息"。**大部分人都会抗拒"你的信息"，感觉像是在被对方指责，便会立刻进入防卫状态，加以反驳。**

此外，有时父母很生气、很着急，会无意中指责孩子"你好懒""你那么蠢"等。有时父母想以激将法迫使子女反省、改善。可是这些话口不对心，反而容易招来子女的反感，而且他们搞不清楚父母不满的行为究竟是什么。所以，父母的提醒宜针对具体行为。

例如：

· 用"我叫了你3次，你还未起身"代替"你真懒"；

· 用"你这样做，步骤多"代替"你真蠢"；

· 用"我托你买的东西你买错了"代替"你好无用"。

5. 期望被包容

父母常常指责子女，"你整天都这样""你次次都不记得""你永远都不改"，子女听在耳里，会认为父母在翻旧账，针对他们过往的错处，而忽视他们的付出（哪怕只有一次），甚至"看扁"他们。这样会引发子女的极力防卫，让争执升级，形成恶性循环。

因此，最好的沟通，就是只集中在眼前，避免历数过去的"罪证"，也切勿在事后收集"罪证"，以免引起对方的反弹，不利于沟通。

掌握青少年的需要，
才能达致互信的沟通。

给父母的心法

让子女更明白你的爱意

明仪的儿子今年 13 岁，明仪供书教学，用心栽培儿子，但不知怎的，儿子却总是不领情，常常与明仪发生冲突。有一次，儿子哭喊着对她说："我是不是你的儿子？你那么恨我，为何要把我生下来？"明仪感到十分震惊。

明仪来到辅导室，尽诉自己的辛酸，她不明白，为何儿子会觉得自己憎恨他。于是，辅导员引导儿子表达自己的心声。儿子说自己感觉不到母亲为他好，以为母亲只会骂他。例如，他出门，明仪便会说："穿那么少，病了不要麻烦我。"一旦病了，她又会说："不听我的话，活该！"因此，儿子生病时，宁愿独自忍受也不告诉她。有时儿子有自己的主见，明仪会说："你这样做，长大后肯定没出息！"儿子气愤，坚持我行我素，但心里诚惶诚恐，担心妈妈的话会成真。有一次，儿子表示功课太忙，自己有些吃不消，请求母亲帮他取消一些课外活动，母亲却问他："你是否智商有问题？"儿子十分恼怒，与母亲争吵起来。他觉得母亲当他是一枚棋子，随意摆布，不容许他有个人主张。

明仪初时听不明白，觉得很委屈，辅导员告诉她，自己明白她对儿子的爱意，可是儿子接收不到。因此，明仪开始学习如何表达自己的心意。初时她感到很困难，因为自己的成长过程中，没有人对她这样温柔。她记得年幼时有一次晚回家，她的父亲对她说："这么晚才回来，岂不知楼梯口有男人会跑出来强奸你？"吓得她对楼梯产生了很大的心理阴影。辅导员这才明白，原来她的原生家庭有说反话的习惯。

反思自身的经历，明仪明白，说反话容易给对方带来伤害。于是，她开始学习表里如一的表达方式。例如："我担心你穿太少会着凉。""我担心你这个做法行不通。""我听到你想减少课外活动，很担心你是否跟得上学习进度。"

通过运用这种表达方式，明仪渐渐发现，自己的确有很多担忧，从而导致经常从负面角度看儿子，如此儿子也认为母亲不够信任他。明仪开始学习给儿子自主的空间，理解儿子，多给他一些赞赏。例如："你当然不想生病，不过这种天气穿太少很容易生病。""我相信你会安排自己的时间，那你自己决定吧！"明仪发现，当她这样说了之后，又重新发现了儿子的优点，心想："为什么以前老是看不见呢？"

终于有一次，明仪准许儿子参加为期一个星期的野营活动。儿子回家后一直黏着母亲喋喋不休，讲述自己的惊险旅程，晚上看电视时还搂着母亲，因为他知道母亲爱他。在这个过程中，明仪努力克制自己的担心，让他展翅高飞。

现代父母都有机会接触亲子教育，知道教育子女要赞赏，要用对方法，可是，由于受制于自身的成长经验，在"紧张"的时候，往往会不自觉地用到自己童年所经历过的教育方式。上一代父母的教育方式较为传统和保守，怕称赞多了子女会骄傲，习惯于用责骂来表达对子女的担心，但如今，这些方式已经不合时宜了。开口讲"情"虽然不是每个人都习惯的，却是让子女感受爱意最直接的方式。

父母着急，背后要诉说的是"情"。

给父母打打气

父母对子女有要求、有期望，出发点往往是爱，却反而以担心来包裹，容易适得其反；相反，若以恒久的忍耐和信任来包裹，子女虽挫败不断，但父母对他们仍怀有信心，并看到子女的能力正在逐步增强。在子女的成长过程中，父母只是浇灌者，应以忍耐和信任帮助他们开花结果。子女可能是木棉树，在早春时分火红一片；可能是桂花树，在深秋带来满庭花香……不管怎样，不同的时间可以收获不同的喜悦。

本章金句

**子女接受要求，
源于父母的爱和欣赏。**

练习

1. 儿子在一周之内连续两次遗失交通卡。你决定暂时不再给他购买新的交通卡。

你的回应：_____

_____

_____

2. 你与女儿逛商店，途中你被路人撞了一下，反被对方责骂，女儿也以大骂进行反击，你强行拉走她才算了结。

你的回应：_____

_____

_____

3. 女儿生同学的气，把骂这位同学的话发到班级的微信群中。

你的回应：_____

_____

_____

4. 儿子答应只使用半小时手机，却没有遵守承诺，你要求关机后，他反倒发了一通脾气。

你的回应：_____

_____

_____

建议答案

1. 你连续两次遗失交通卡，我知道你不是故意的（同理心）。不过我暂时不再替你买新的了，这并非不信任你，只是担心你暂时还未想到好的保管方法（我的信息）。我明白没有交通卡你会很不方便，不如我们一起想想怎样保管它（引导）。

2. 谢谢你替我打抱不平，我知道你很在乎我（赞赏付出）。不过我不想你在街上与人吵架，也怕他会伤害你。其实你愿意聆听我埋怨几句，我就已经很欣慰了，我们能继续开心逛街就更好了（我的信息）！

3. 他到处说你的不是，难怪你生他的气（同理心）。不过你把这种话发到班级群里，他一定不会罢休，以后会招来更多麻烦，我不想你再受到伤害（我的信息）。你可以考虑其他方法（引导）。

4. 看来半小时不够用（同理心）。不过你既然答应了，就希望你能遵守承诺。我给你手机只是想让你放松一下，要是刚才不阻止你，你之后做作业的时间恐怕就不够了（我的信息）。不如你做完作业之后，我们一起商量使用手机的时间（引导）？

第四章

我不会听你讲！
——与子女商量

当
子
女
说
你好烦

目标：

帮助子女学习如何与父母商量，

学习自主和自制。

技巧：

商量的原则与技巧。

引言

有一天，过去千依百顺的子女开始吵闹着"你好烦呀！"或"不行！我一定要！马上要！"这说明，你的子女很有可能已经进入了"反叛期"。父母既感到要来的终于来了，可能也会讶异"为何如此早就来了"。即使父母已经做了心理准备，面对反叛的子女可能仍然无所适从。

"反叛期"代表什么？"反叛期"代表青少年开始学习自主，学习独立，尝试摆脱别人的意见和指示。同时，他们会认为听话是一种幼稚的表现。因此，父母容易受到子女的反驳。

面对子女的无理要求、不听话和反驳，有些父母只会一味地说"不"；有些父母则无法招架，气得七窍生烟，哑口无言；有些父母不断跟子女进行拉锯战，永远收不到良好的效果。

情境 儿子讨价还价

大卫上小学四年级后就对电脑游戏非常着迷。母亲跟他约法三章，每天只可以玩半小时。大卫一直坚守这个约定，母子相安无事。可是，当大卫上小学六年级后，母亲担心的情况终于出现了，大卫玩游戏的时间总是比预期长。母亲有时会严厉制止，有时只要儿子不太过分，就睁只眼闭只眼。小学阶段就这样度过了。不料，大卫上初中后，情况日益严重。以前，大卫遇上母亲阻止，便会乖乖收手；现在却开始任意妄为。一次，儿子放学回家又想开电脑打游戏。

大卫："妈，我想打游戏。"

母亲："想打游戏？你作业做了吗？"

大卫："作业不多，我要先打游戏！"

母亲：（想起他之前多次的表现）"不可以，你打了游戏，就没心思做作业了。"

大卫："我会用心的。"

母亲："你次次都这样说，看你上次……"

大卫："我一定要！我才不会听你的！"

母亲：（开始发怒）"不准！"

大卫：（也开始发怒）"我一定要！不让我打游戏，我也不会做作业。"

母亲：（怕再争论下去也没意思）"你要打多少时间？"

大卫：（斩钉截铁）"一小时！"

母亲："半小时！"

大卫：（决绝地说）"一小时！"

母子二人就这样持续拉锯。母亲感到很疲累，不想再耗下去了，便说："懒得理你！"最后大卫也不管母亲，径自去打游戏了。这一晚，大卫足足打了 3 个小时。母亲心里又愤怒又难过："为什么儿子什么话都不听？"

与子女商量的"两条腿"

与子女商量很重要，这是给他们学习讨论和自我约束的机会。

从上面的例子我们可以发现，母亲是在跟儿子商量的过程中出了问题。他们只是单纯地争执是否可以打游戏或者可以打多少时间，根本没有明确讨论的方向。母亲没有清晰的原则，子女就容易为所欲为，或者强词夺理。另外，母亲也忽略了子女的情绪变化。情绪在讨论中有很重要的作用，人在情绪高涨时比较难听进别人的话，有时甚至会攻击对方。

与子女讨价还价时，要有"两条腿"。**"第一条腿"叫原则**，原则可以是**小原则**，通常是约定和规条，如先做作业后打游戏；**也可以是大原则**，通常是核心价值和后果，如打游戏不可以影响做作业。**"第二条腿"是前文介绍的同理心和"我的信息"，可以用来应对子女的情绪状态。**

"两条腿"一定要并行。当子女遇上原则（"第一条腿"）时，通常会反抗，反抗会产生情绪，父母要接纳他们的情绪，认同有情绪是自然的事（"第二条腿"）。**这就是我们常说的"恩威并施"，前者是威，后者是恩。**

试用上面例子示范。

大卫：（心急地说）"妈，我想打游戏。"

母亲：（不慌不忙地回答）"你清楚我们谈过要打游戏先要完成作业吧！" （要他回想之前的承诺和原则）

大卫："作业不多，我要先打游戏！"

母亲：（坚持）"我知道你放学回来自然想打游戏，但我们早已说好先做作业，做完作业才可以玩。"

大卫：（央求）"让我先打一次。"

母亲：（保持淡定）"你今天为何那么着急要打？"

大卫：（愈来愈着急）"我和同学约好4点一起上线打游戏。"

母亲："原来你约了同学，不想失约。"

大卫："那你快答应我吧！"

母亲：（安抚他）"我知道你很焦急。不过，你也要明白我的感受，你害怕失了同学的约，但同时你也可能会失掉跟我的约定。"

大卫：（更焦急）"我一定要！"

母亲：（点头）"你很着急，我也替你紧张。不如你给同学打电话说推迟到5点你尽快做好作业，岂不是可以打得更尽兴？"

上面的示范跟原本故事的不同之处在于，母亲之前只理会儿子想打游戏可能会破坏亲子协议；而示范中的母亲却感受到了子女焦急的心情，这种感受会影响双方商量的方向。

另外，在示范中，母亲最后给了孩子一个新的方向，就是建议儿子另约时间，既能解决何时做作业和跟同学的约定，同时给了子女台阶下。

商量时要有原则，也要有同理心。

商量的法则

以上"两条腿"的介绍是基本法则，要使讨论和商量更有效，父母还需要留意以下步骤和法则。

1. 适合的时间和地点

按照事情的敏感度、重要性和所需时间，决定适当的时间和地点。如果事情是重要和敏感的，最好约定一段大家都比较充裕的时间和空间，免得匆忙了结或引发负面情绪。

2. 充分的准备

上文的示范中，母亲帮儿子另谋对策。

在事态紧张的情况下，父母未必能够急谋对策。父母可尝试预先就要讨论的事情，和配偶或朋友交流，如原则底线及子女不守约的后果等，遇到相关情况时要保持头脑的清醒。

3. 语气要温和肯定

本书一直强调，情绪在沟通中具有重要作用，会影响讨论的效果。要想让子女保持情绪稳定，理性思考，父母的情绪及语气很重要。**子女容易假设父母"什么都不准"，所以心里会十分不安。父母要保证讨论时不发生冲突，语气要保持温和**。另外，青少年之所以容易冲动，是因为其大脑中控制自制力的部分仍未完全发育成熟。父母在气冲冲的子女面前，切记要态度坚定，心平气和。

4. 先聆听子女的心声

父母有时会感到青少年子女的表达容易流于表面和肤浅，如果只提要求，他们未必会解释内心的想法。这可能是因为子女过于心急，或者尚未学会清晰地表达。不要单就表面要求进行衡量，要深入了解子女究竟想要什么，想说什么，方能找出行之有效的方法。

5. 清楚自己的原则和底线

设立底线的好处是让孩子知道什么事情是可以商量的，什么事情是没有商量余地的。通常，教育方面有关于底线的 3 个层次：

· 没有商量余地的：如关乎个人和他人安危、犯法的事或校规。

· 需要商量的：如关乎个人品格、影响彼此关系的。

· 不一定要商量的：如时间运用、生活习惯，吃什么，穿什么，玩什么。

以上只是一个比较笼统的分类。当然，随着子女渐渐长大，他们的自主范围理应越来越大，不一定要商量的事也越来越多。而且，父母也要视子女过去的表现和自律能力而定。无论如何，父母既要有底线，也要学习放手。有些父母连子女带不带雨伞或者看什么电影都要掌握，这是不必要的。**今天的青少年从网上接收了很多知识，也能分辨对错。一种更理想的做法是，父母不假设他们不懂，反而先假设他们懂，尝试去了解他们的观点。**

6. 表示可以协商，尽量找出可行的方法

如果双方的意见和要求不同，那么父母应该让子女知道父母愿意商量，愿意聆听，愿意让步，希望尽量找出可行的方法。可以的话，鼓励子女先想想自己有什么目标或解决方案，之后父母再给出意见。

7. 清楚说明结论及违约的后果

双方要订下协议，切忌含糊，言出必行；也要说明一旦子女未能信守诺言会有什么样的后果。有些后果是自然发生的（例如：不努力学习就会不及格，不准时就会迟到），有些后果是由父母和子女协商的（例如：惩罚、延迟获取

东西的时间）。有些父母过分保护子女，不让子女承担后果，或者不了了之，都会令子女学不到重要的人生功课。承担后果的作用是要子女学会自制和评估后果。

8. 让子女参与商量

虽然讨论结果未必完美，但只要子女愿意心平气和地商量，就要予以肯定，并鼓励他们下次继续用这种方式讨论。如果事情未能解决，或者子女情绪失控，可以另约时间再谈，今天没有决定不等于日后不可行。

以下是几个不同情境中的范例，供父母参考。

情境 吃什么

儿子每次外出都嚷着要吃日本料理，父母觉得儿子太过强势。

儿子："我想吃日本料理。"

父亲："你为何每次都想吃日本料理？"（聆听子女的心声）

儿子："我们很久没有吃过了。"

父亲："上周已经吃过了。"（澄清事实）

儿子："你老说日本料理贵，所以不准吃。"

父亲："我不是这个意思。吃什么毕竟是一家人的事，全家一起商量，不能只由你一个人决定。"（说明原则）

儿子："那么，你和妈妈一定不会选日本料理的！"

父亲："如果你这次愿意听大家的意见，我答应下次让你先选择。"（愿意协商）

儿子："好吧！一言为定。"

父亲："多谢你肯跟我商量，我很高兴。"（肯定他的参与）

女儿："我想注册一个微信号！"

母亲："之前从来没有听你提过，为何突然提出来？"（聆听子女的心声）

女儿："因为很多同学都有。"

母亲："你大概想和他们多联络。"（同理心）

女儿点头。

母亲："你觉得我会怎么想？"（让子女了解父母的要求）

女儿：（有点犹豫）"你怕我会花太多时间玩微信？"

母亲："对，你真懂事。你觉得自己每天有多少时间玩微信，并且兼顾学习？"（尽量找出可行的选择）

女儿："我想……半小时？"

母亲："但你每周有两天放学后要补习。你再想想这两天该如何安排。"（持续找出协议）

女儿："真烦……这两天就不玩微信吧！"

母亲："好，一言为定。除了补习那两天，每天可以玩半小时，好不好？"（清楚说明结论）

女儿："好！"

母亲："如果做不到呢？"（清楚说明违约的后果）

女儿："嗯……一周不能玩微信！"

母亲："一言为定。你长大了，妈妈对你有信心。"（肯定她的参与）

情境 女儿要买一套昂贵的衣服

女儿："给我买衣服。"

父亲：（有点惊讶）"为什么要买一件 1000 元的衣服？"（了解事情和子女心声）

女儿："我要参加聚会！"

父亲："什么聚会？什么时候？"（了解事情）

女儿："校际聚会，下个月 10 号。"

父亲："多谢你对我说，不过我想跟你商量一下买衣服的金额。"（肯定她的尝试，邀请商量）

女儿：（略有不满）"你就是不想买！"

父亲："我没有说不买，只是想跟你商量一下。"（强调要商量）

女儿："有什么好商量的，买就买，不买就不买。"

父亲："你长大了，爸爸就当你是成人可以商量。我知道你很心急，但是说话要心平气和。"（强调可以商量、同理心）

女儿：（心急）"你究竟买不买？"

父亲："你想买一件什么样的衣服？为什么要买这么贵的衣服？"（了解事情）

女儿："同学都穿这个款式。"

父亲："1000 元真的比较贵，爸爸也很少穿这么贵的衣服，不知道有没有其他选择？"（提出其他办法）

女儿："你东问西问的，究竟买不买？"

父亲："爸爸很想了解你，也想跟你商量。不过，你现在似乎不太冷静，待你冷静后，我们的谈话才有意义。凡事都可以商量，明天再谈吧！"（气氛不适合商量）

从各类例子中父母会看到，未必每次商量都有圆满的结果，有时会不欢而散。请不要灰心，学习自然会有得有失。商量不是讨价还价，而是彼此交流、彼此认识的过程，目的是增进亲子关系。

商量的过程也是父母和子女
一同经历的学习过程。

做好父母有何难

要灌输怎样的价值观

很多父母会疑惑：究竟给子女的约定要多松多紧？何时松，何时紧？世上当然没有一条方程式和定律，不过父母必须思考这个问题。下面我们从不同的角度了解父母的价值观和权威的调校。

1. 父母的价值观

上文多次提到原则和底线，这些都与父母的价值观息息相关。**父母有什么样的价值观，就设定什么样的原则与底线。**可是，有些父母甚少想到价值观这件事，因为平日里经常忙于应付不同的时间表和要求。有些父母明明知道培养子女的品格最为重要，但面对学校的要求时，就会不自觉地将学业放在第一位，最后反而变成了样样都重要。如果父母能够检视自己的价值核心，就能分辨教育的主次。

很多青少年问："为何要读书？"但没有太多的父母能给出一个令子女心悦诚服的答案，这说明一般的父母甚少思考这个问题。父母要求子女读书，究竟是出于什么样的目标和价值观呢？请看表 4-1。

表 4-1　父母要求子女读书的目标和价值观

目标	价值观
好成绩可以进入好大学，将来找份好工作	取得成就，过上美好生活
做个负责任的人	个人品格
获取更多知识	知识可以发展思维
获取快乐，有满足感	无悔和快乐的人生

不同的价值观会影响父母对子女的要求，以及向子女灌输怎样的思想。

2. 权威的调校

随着子女渐渐长大，父母感到自己逐步丧失权威，似无力管教；而子女则想争取"话语权"，学习自我认同及独立自主。正如前文所提到的，这是青少年的发展任务，为其长大成人做预备。其实父母的权威一直都在，只是应有所转变和调校。

权威不是一种高压和独裁，而是一份"尊重和责任"。这种关系是双向的，子女要尊重父母，而父母行使权威时，也要向子女负责。例如，父母要对 12 岁子女的行为负比较大的责任，所以子女更为顺服父母；当子女年满 16 岁，他们需要为自己负责，所以给他们的自主权就相对较大。

例如，在同一情况下，父母可能对 12 岁的子女说：**"我希望你可以做你想做的，不过我们事先要商量一下。"**

父母可能对 16 岁的子女说：**"你可以自己决定去哪里玩，不过作为父母，我们要考虑你的安全。所以请你先告诉我们会去哪里，跟什么人一起去，何时回家，这样我们才会感到安心。"**

对于后果的讨论，不同年龄考虑的因素有所不同。对于年幼的子女，要比较具体；对于年龄较大的子女，要多分析后果，以表达父母的感受。如果对 16 岁的子女仍然一味地强调惩罚处分，他们可能会蔑视地说："我一定要做，你阻止不了我！"

例如，父母可以对 12 岁的子女说：**"如果你不守约，明天就不可以外出。"**

父母对 16 岁的子女可以说："我选择相信你。但如果你像上次一样失约，我会很失望。而且你知道，下个月就考试了，你也希望考试及格顺利升班，所以好好分配自己的时间。"

商量要视你的价值观、子女的心智和情况来定，不能"一刀切"。

给父母的心法

认识你的教育风格

在教育子女之前，父母要先检视自己的教育风格，因为你的教育风格会影响你如何与子女商讨。经常有父母问我："父母应该是子女的朋友吗？"

我会这样回答：父母在子女面前有不同的角色，如父母、老师和朋友，朋友只是其中一个角色。而父母跟子女的"友谊"体现在一起玩乐、交流和分享，**所以父母与子女的关系似朋友而又不是朋友**。父母终究和朋友不同，他们要对未成年子女负最终的责任（子女成年则另当别论）。如果你发现自己不能和子女成为密友，不用气馁，你还有其他角色。

不同父母的教育风格也有所不同。我们以12岁子女要和同学去露营为例，列举几种常见的父母类型。

专制型父母：这类父母对子女非常严格，要求子女完全服从，非常执着于是非对错。他们的子女可能不敢冒险，对权威人士有依赖或害怕心理。例如："**不准去！如果你偷偷去，我不会放过你。**"

威信型父母：这类父母比专制型父母温和，相对容易沟通。他们在子女的个人要求、愿望及父母的期望之间寻找平衡点，坚定但不强求，有原则但不严厉。例如："不，我不希望你这个年龄就跟同学去露营。待你升上中学之后，我们才考虑；如有老师陪伴，我们也可以考虑。"

宽松型父母：这类父母多数容许子女参加露营，对子女很宽容，避免了冲突。他们可能担心阻止会阻碍子女创造力的发挥。不过，子女长期生活在宽松的条件下，一旦父母的管教要收紧，子女可能会反抗。

放任型父母：这类父母几乎什么都不要求，近乎绝对自由。不过子女会感觉父母漠视他们，甚至没有回应自己的真实需要。

可能你会觉得自己比较类似于威信型和宽松型父母，或者有时也会出现其他面貌。事实上，每位父母都可能混合了不同的类型；又或者随着子女长大，自己的风格也会发生转变。重要的是，父母应经常反省和自我检视，多留意子女对你的反应。

你的父母是哪一类型的父母？
你喜欢吗？你讨厌吗？
你与自己的父母相似还是不同？

给父母打打气

有没有想过，你的教育风格受什么影响？是否与你的原生家庭有关？一个在专制型家庭中长大的人，他日可能变得懦弱和宽容，为的是不想重蹈父母的覆辙；一个在缺乏爱的家庭中长大的人，他日可能变得放任（因为对亲情感到迷茫），或者走向另一极端，变成专制型父母（以为可以控制保护子女）。

可能父母会觉得有些困扰，如果一个人在不健康的家庭中长大，日后是否一定会变成不健康的父母呢？当然不会，原生家庭只不过是诸多参考因素中的一个而已，家长仍然有很多机会学习和实践，成长为称职的父母。

可能父母有时会觉得子女总是不听话是因为自己做得不够好，这时，应该把眼光放长远，对自己有信心，只要用心陪同子女成长，走过这段青少年时期，将来你一定会在他们身上看到成果。父母为子女做的每一件事、说的每一句话、陪伴的每一个时刻都已存入你们的"关系账户"，未来回馈给父母的就是子女的成长与快乐。

本章金句

**子女接受要求，
源于父母的爱和欣赏。**

练习

练习一：自我检视

尝试检视自己是哪种类型的父母，用1至10分衡量自己，10分代表最强，1分代表最弱。

要求子女服从：

· 你给自己评几分？ _ _

· 与所认识的其他家长比较，你的分数是：_ _

· 与自己的父母比较，你的分数是：_ _

· 与配偶比较，你的分数是：_ _

给子女多少自由：

· 你给自己评几分？ _ _

· 与所认识的其他家长比较，你的分数是：_ _

· 与自己的父母比较，你的分数是：_ _

· 与配偶比较，你的分数是：_ _

你和子女关系的亲密程度：

· 你给自己评几分？ _ _

· 与所认识的其他家长比较，你的分数是：_ _

· 与自己父母和你的关系比较，你的分数是：_ _

· 与配偶比较，你的分数是：_ _

你觉得自己和配偶属于哪种类型（可选择多个）？你满意吗？

	你	配偶
专制型	☐	☐
威信型	☐	☐
宽松型	☐	☐
放任型	☐	☐

你觉得你的父母属于哪种类型（可选择多个）？你满意吗？

	父	母
专制型	☐	☐
威信型	☐	☐
宽松型	☐	☐
放任型	☐	☐

以上练习可请配偶为你做一次，方便从他人的角度检视自己。
之后彼此分享检视结果。

练习二：检讨与子女商量的过程

列出最近与子女商量互动的 3 件事情，说明你坚持的原则，可以与子女沟通这个原则吗?

事件 1_____

子女的要求：_____

你的原则：_____

与子女商量的过程：_____

子女的反应：_____

结果：_____

所花时间：_____

你满意吗? 为什么?_____

事件 2_____

子女的要求：_____

你的原则：_____

与子女商量的过程：_____

子女的反应：_____

结果：_____

所花时间：_____

你满意吗？为什么？_____

事件 3_____

子女的要求：_____

你的原则：_____

与子女商量的过程：_____

子女的反应：_____

结果：_____

所花时间：_____

你满意吗？为什么？_____

第五章

你就是看扁我！
——建立子女的自信

目标:

学习欣赏和肯定子女，提高他们的自尊心和学习动力。

技巧:

有效赞赏子女。

引言

子女是自己亲生的，父母怎会讨厌他们，怎会不觉得子女优秀，或者不希望他们有朝一日很优秀呢？可是，很多父母比较容易欣赏别人家的子女，总觉得别人家的子女比自己的更听话、易教、优秀。因此，不少父母怀疑自己是否出了什么问题。实际上，爱子女的父母就是好父母，请不要怀疑自己。

每位父母都知道，赞赏、欣赏青少年子女是极为重要的。"赞"这个字表面很简单，要实践却不容易。有时父母以为自己已经称赞了子女，却没有收到半点效果。

吊诡的是，问题可能出在父母太爱子女。有爱，就有期望。期望越大，父母就越看重子女的表现；看得越紧，就越难看出他们的优点，反而处处都是需要改善和进步的地方。而且，子女每天都会制造一些事情，问题多多，让人动气。如果有 100 件事，他们有 99 件都是"差"的，"好"的只有 1 件，如此怎能赞得出口？

情境 子女听不到赞赏

坎蒂的女儿斯蒂芬妮读书不算努力，凭着一点小聪明，小学考试总是次次过关，成绩名列前茅，坎蒂相对较为安心，只是间或提醒一下女儿。斯蒂芬妮升上初中后，坎蒂眼睁睁地看着她的成绩下滑，但女儿似乎不太在乎，有时放学回家仍然"游手好闲"，坎蒂自然开始担心起来。

坎蒂虽然明白中学课程与小学不同，理应给女儿更多体谅；但是她知道女儿一向对自己要求不高，做事得过且过，如果初一还不开始发力，之后就更难追上。

一天，斯蒂芬妮给母亲看学校派发的中期成绩单，坎蒂发现女儿的成绩虽然不太差，但大部分都是 B，心里想："唉！竟然一个 A 都不见！第一学期还有一两科是 A。"

坎蒂勉强对女儿说："很不错！"她停了停，开始想："如果赞赏她太多，怕她心存侥幸，以后不会再努力。"于是接着说："其实……你认为自己还会不会有进步空间？你还可以做什么？"

斯蒂芬妮却嚷着说："B 已经很好了！"

坎蒂正色道："你怎么能对自己没有要求呢？你都未尽全力！"

斯蒂芬妮不耐烦地说："你总是这么说！还有别的话吗？你从来都没有称赞过我！你就是在看扁我！"

坎蒂本想好言好语提醒一下女儿，没想到她竟然大发脾气，还把成绩单摔在地上，悻悻走进房间，用力关上了门。

坎蒂一个人坐在沙发上发呆，心里反复想："我不是已经称赞了她吗，怎能说我没有？"

赞赏无效，只因没看见

上述情境中母亲的困扰是，明明自己已经赞赏了女儿，女儿却接收不到。这是为什么？这是因为母亲赞赏的技巧和心态出了问题，所以，赞赏的效果被大打折扣。

请看以下示范：

母亲："让我看看你的成绩单……"（看见没有 A，心里可能有点失望，但提醒自己要放下理想标准先肯定她）

母亲："我看见很多科都是 B，很好呀！其实这也不容易，是吗？"（看出好的地方，也肯定她的付出）

女儿：（松一口气）"是呀！"（女儿开始感觉安心）

母亲：（温柔地说）"你为何感觉不容易？"（先聆听女儿的感受和心声）

女儿：（苦着脸说）"这次的考题特别难！"

母亲："原来如此，那么你真是做得很好。你满意吗？有不满意的地方吗？"（肯定她的付出，可以多听一点她的心声）

女儿："英语可以更好一点。"（女儿有了安全感，才说出真心话）

母亲："为什么？"（不要立即要求她改善，先了解她的想法）

女儿：（压低声音）"我知道是因为复习不够。"

母亲：（点点头，表示肯定）"你知道自己出了什么问题，这很棒。你知道怎样做就好了。有什么困难，我和爸爸一定会帮助你。"（先肯定，不用要求太快改善）

案例中的这位母亲做了什么？一方面，她只是不断提醒自己：不要先查找不足，不要先教训，要肯定、肯定、再肯定。父母当然想立刻告知子女要加以改善的地方，这种心态没有不妥，问题却出在太早太快指正，而忽略了肯定。

提高青少年的学习动力和动机有很多方法，赞赏和肯定是最积极、最正面的。要是亲子关系较为恶劣，父母更要积极运用以上方法来改善关系。

另一方面，案例中的母亲有一个信念，就是相信自己的女儿，相信她曾经努力付出，遇上困难想改善和进步，也知道自己的问题所在。很多时候，子女不需要父母再三提醒，提醒多了反而适得其反。

父母可能会问：要是子女读书没心思，考试不及格，我怎么能信任他们呢？其实，真正的问题在于，父母究竟有没有看到子女美善的一面？有没有看到他们的特质和付出？

看见子女美善的一面，
信任他们。

要看得见，赞赏应具体

看见子女美善的一面很重要，因为父母只有看得见，才能从心里赞得出口，而不是念口簧、念对白，变成了挂在嘴边的"good" "excellent" "well done"西方式赞赏。**如能发现子女的特质和付出，就可以赞赏得更实在，更具体。**赞赏的目的是令子女对自我把握得更实在，认识得更清楚，从而更加自信。

以下是一些可以帮助父母看得见、赞赏的方法。

1. 没有理所当然

很多父母都认为，子女听话、努力读书或帮忙做家务是应该的，这还需要赞赏吗？其实，世上没有一件事是理所当然的，如果父母常常带着感恩的心，就会以欣赏和感谢的态度来回应别人（包括子女）的付出和所做的事。

> 反面示范："你一早就应该收拾自己的房间！"
> 正面示范："我很欣赏你愿意收拾自己的房间，看！现在多整洁！"

值得一提的是，父母有时会用自己在学校时的情况去衡量子女，忽略了如今的课程要求可能比上一代高很多，子女付出和面对的困难也比上一代要多。

2. 见微知著

很多父母会将赞赏的标准定得很高，认为子女若未达到某一水平就根本不值得赞赏。例如，成绩没有 A，没什么好赞赏的；比赛没得奖，没什么好赞赏的。父母只着眼于大成就，可是大成就不会天天发生。其实，也可以看子女平凡中的小行为，如认真学习、教弟妹读书，或者帮父母洗菜等细微的事情。如果对这些平凡的小事予以肯定，子女必定心生欢喜。

> 反面示范："洗菜，小事而已，根本不用你花太多时间。"
> 正面示范："你替我洗菜，帮我省了很多时间。"

3. 赞赏成果，也赞赏过程

单看成绩给出一个"赞"，有时可能会难以开口。青少年常常为了学业等不断挣扎，不时会产生挫败感，这是上一代人难以体会的。要明白，尝试是一种勇气，付出本身就是一种成就，即使成果达不到父母的标准，也请看见子女的付出。

> 反面示范："你上次这科就不及格，这次又不及格，这叫读书吗？"
>
> 正面示范："你的分数和上次比已经进步了，我看到了你的付出。你自己满意吗？"

4. 要发掘子女好的一面

人有很多面，在于你如何看。子女表面做事慢吞吞，换个角度看是仔细谨慎；子女说话牙尖嘴利，换个角度看是能言善辩；子女做事懒懒散散，换个角度看是轻松没压力。

> 反面示范："为什么你在网上要和那么多人玩，你时间很多吗？"
>
> 正面示范："你似乎有很多朋友。你的朋友都很喜欢你，是吗？"

5. 赞赏成果，更赞赏本人

很多父母虽然会赞赏子女，但子女往往没什么感觉，原因是父母的赞赏没有实质内容，没有焦点。赞赏是看子女这个人，肯定他们是怎样的人。

子女本来不愿意去参加一个条件很艰苦的训练营，最后却完成了。

> 反面示范："这次表现还不错！"
>
> 正面示范："训练营这么艰苦你都完成了，看得出你真的很有毅力，说到做到！"

6. 让赞赏产生意义

现在的青少年可能会轻视称赞，因为他们在网上也容易获得"赞"。但是，与网友的"赞"不同，父母的赞赏是一个启发的过程，可以让子女明白，他们所做的事情对自己、家人或社会有什么意义。所以，父母要看见子女所做事情的意义。

例如，女儿起初推搪去探望祖母，最后勉强去了，可以对她说：

> 反面示范："你总是要三催四请才肯去探望婆婆。"
> 正面示范："你肯去探望婆婆，她一定很开心，觉得你很关心她。你学会关心别人了，我很欣慰。"

7. 赞赏不为下一个要求

赞赏不是诱导子女的手段。父母往往用"yes...but"的说话方式，刚刚赞赏完，就接着批评，或要求"下次都要这样"，但父母应该看见这次事件的重要性和独特性。

例如，子女帮忙做了一件家务。

> 反面示范："你这次做得很好，记得以后每次都要这样！"
> 正面示范："你这次做得很好，多谢你，我很高兴。"

8. 非语言的赞赏

中国人比较含蓄，有时父母会感觉直接赞赏会很肉麻，有些父母嘴上在赞赏，却面无表情，没有半点兴奋。赞赏是什么？就是与子女庆贺他们的"好"。所以，不妨善用一些非语言性的赞赏，例如笑容、眼神、拍肩膀、竖起拇指，甚至拥抱等，这些都是很重要的赞美方式。

赞赏，重量更重质，是一种心态，
反映你是否全方位认识你的子女，
"看见"你的子女。

做好父母有何难

帮助青少年建立自尊

现代的青少年真的常常需要他人给予赞赏吗？这是很多父母的疑问。他们感觉今天的青少年在温室里长大，经不起风浪和批评。从某种程度上来说，我也认同这一观点。这一代人比上一代人脆弱，不是因为他们能力水平低，而是他们所面对的环境与上一代人不同，他们在学校所承受的压力也今非昔比。

今天的青少年身处重成绩、重成就的社会，加上竞争十分激烈，较容易迷失自己，只懂比较，看不清自己的特质和优秀之处。表面上，他们给人一种桀骜不驯的印象，实际上内心却极其自卑。

赞赏不是为了讨好子女，不是收买子女，更不是一种操控子女的手段，这样他们永远也学不会自立，将来也会埋怨父母。**赞赏，其实是一种助力，帮助子女树立健康的自我形象，这样他们的内心才会感到踏实，从而增强信心，去面对不同的挑战。**

什么是自尊？简单来说，就是子女对自我价值的看法。这些看法往往会受他人的影响，其中最主要的影响来自家庭。可以说，自尊的建立与父母对子女的看法息息相关。父母怎样看待他们，他们就会怎样看待自己。

有心不怕迟

有父母对我说，以前对子女多批评少赞赏，当子女上中学后，父母的做法虽然已有改善，但是子女仍然反应激烈。请看下面这个例子：

> 一位母亲在女儿上小学时常批评她不用心。女儿上初一后，母亲下定决心不再批评她，只教她功课，即使见她不专心，也尝试不动怒。不料，一次母亲平心静气地指出女儿的问题，女儿却说："你又骂我！"母亲感到很无奈。

为何这位母亲说了一两句平常话，女儿就要大发雷霆？这是因为人的大脑有一种情绪记忆，这种记忆会影响我们的心情以及对人的看法。如果子女在成长中一直感觉父母的批评多于赞赏，对父母的印象便会十分牢固，潜意识里感觉父母很难欣赏自己，对父母的任何意见都只有一种解读。即使是一句平常话都被当成是恶意的批评，这种感受偏差往往令父母摸不着头脑。

不要灰心，有心永远不怕迟。迟起步比不起步好。**试用以上方法，大力肯定子女，尽量定睛在他们的"好"上，持之以恒。**我见证过不少家庭的改变，父母努力一个月、几个月或半年后，子女感受到了父母的善意，渐渐改变了对父母的态度。

鼓励代替批评

子女有时确实会出错、不听话，父母当然赞不出口。有些父母还认为，"子女是要教的，不指出他的问题，他就不会知错"。但是，教不等于批评，批评只会带来青少年的反抗和不满，更会削弱或贬低青少年的自尊。**其实大多数青少年都知道自己错在哪里，只不过嘴硬爱面子，不肯向父母示弱。**

另一个极端是软弱的父母明明看到子女犯错，却不懂得如何指出子女的问题，怕他们受伤。

批评就是指出对方的错误和问题，鼓励包括两个重点：

·让子女了解父母的感受和反应，就是前文的"我的信息"，以"我"这个字而不以"你"这个字开始陈述，可以从"我觉得……"开始。

·让子女知道自己有能力去实践。如本章所讲，看见和信任子女的能力和良好的动机。可以从"我相信你……"开始，两者结合让青少年学会如何给别人反应并确认自己的能力。

1. 女儿没有按照父母的吩咐收拾房间

批评："你的房间好像刚打完仗一样，你不觉得乱吗？你想让谁替你收拾？"

鼓励：（忍耐）"你的房间这么乱，我看了觉得很不舒服，你住着也不舒服。我知道你会收拾的。我给你时间（我的信息）。你觉得自己大概需要多久？（看见能力）"

2. 儿子跟随学校去旅行，贪玩弄伤了腿

批评："你就是太顽皮了，才落得这般下场！"

鼓励：（忧虑）"你知道我很担心吗（我的信息）？我知道你可以判断什么样的情况会很危险，你下次要小心了。（看见能力）"

3. 叫女儿到厨房帮忙，她却不专心

批评："你洗过的碗脏得就像没洗过一样！又要我重洗！"

鼓励：（感激）"多谢你的帮忙（我的信息）。不如我示范给你看，相信你能学会。（看见能力）"

4. 儿子的英语成绩不佳

批评："你的英语成绩又是D？你究竟有没有用心学习？"

鼓励："我觉得有点失望（我的信息）。我知道你也希望自己的成绩好一点，不如我们一起商量如何改进吧！（看见能力）"

5. 儿子骂父母：好蠢

批评："你知不知自己在说什么？很没礼貌！"

鼓励：（忍耐）"我知道你贪玩。但你这样说我很难受，你知道吗（有时可以加入同理心）？其实你懂得尊重别人的，对吗（我的信息）？现在我暂时先不和你说话，除非你对我说'对不起'。（看见能力）"

6. 儿子用粗话骂同学

批评："你知不知道你像什么？就像一个'烂仔'！"

鼓励：（忍耐）"我知道你可能很生气（同理心），但我听到你讲粗话心里很不舒服，也担心你养成讲粗话的坏习惯（我的信息）。其实你有能力控制自己的表达方式。（看见能力）"

以上例子说明，父母都希望子女能做得更好。对此，鼓励是最有效的方法。父母可先从不批评开始，转而对子女说："你已经长大了，我决定不再骂你，我相信你能做得更好。"从今天起，尝试一天不责骂子女，看看会发生什么转变。如果成功的话，尝试坚持2天、3天、5天、7天，甚至更长的时间，再接再厉。

请观察子女对你的态度有何改变。当中，你更要留意自己的转变，可能会发现自己最难以忍受的地方在哪里，一向执着的地方在哪里，或期望在哪里等，这些反省对你的教育效果必定有很大帮助。

<big>帮助子女建立自尊，
鼓励比批评更有效。</big>

给父母的心法

为何仍然赞不出口

　　知易行难。很多父母都知道赞赏的重要性，然而真正的困难不在于技巧，而在于关系和心态。当代社会充满了竞争，大家活在无形的压力之中，部分家庭也充满了负能量。父母觉得子女没有达标，子女也觉得自己做得不够好，最可悲的是，父母也觉得自己做得不够好。哪里看得到可以称赞的地方呢？

　　以下几点可供父母反省，帮助大家转换心态，成为充满正能量的父母。

1. 压力影响期望

　　父母对儿女总有期望和要求，这本来无可厚非。但如今父母"四面受敌"，即使尝试不理会身边的一些事情，也不可能不受到来自社会和教育的压力以及衡量一个人成败标准的影响。现实是学校或是其他家长都"逼迫"你要玩这个游戏，成为压力的来源之一。如此，你又怎能不看重成绩和人生的成功，从而提高对子女的要求呢？

　　父母对子女有期望是自然的，但如何做到期望而非强迫？**订立期望最好的方法是与子女一起商量和拟定目标，让他们参与，深入了解期望背后的缘由。**父母在讨论过程中会发现，子女正渐渐长大，并有了自己的想法和期望，也一定会替他们高兴。这份喜悦就是推动父母欣赏子女的内在动力。

2. 没有标准的标准

　　标准其实是一件很玄的事情。上一代人的学业标准与今天有很大不同，具体来讲每所学校和每个科目对及格和高分的标准也不同。很多时候，父母只有一个很笼统的概念，就是分数愈高愈好，做事愈进步愈好，凡事总要精益求精。就像一家企业每年都要订立比上年更高的回报指标，而不考虑外部环境及资源分配的变化。最后，受苦的都是员工。

另一个更玄的标准叫"尽力"。很多父母都叫子女尽力，或者批评子女没有尽力。其实"尽力"的概念很主观，很含糊。子女对"尽力"的理解可能和你很不相同。

所以，标准需要量化，需要具体，最好运用第四章的方法跟子女一起商量。商量时让子女多表达，而不是父母"一言堂"。当家庭的气氛足够开放时，子女会说出遇到的困难，甚至他们的标准，这个标准会链接到他们的目标，例如什么科目得什么分数，将来可以做什么，等等。标准，其实关乎个人的目标和自信。

3. 想事事完美

青少年给父母的印象是得过且过，凡事留力，或者将自己的期望值降至很低。如此怎能叫父母不担心？**父母总是把自己的标准放在子女身上，内心充满了矛盾和担心，自己常常感到无形的紧张，容易忘记子女的好处，反而只着眼于子女犯错的地方。**这种情况下，自然会令子女觉得父母只会挑剔，不会赞赏。

青少年的行为当然有许多令父母看不顺眼的地方。不过，除非他们正在做十分危险之事，否则可以考虑睁只眼闭只眼，放弃完美要求。放宽标准，双方关系也许会有所改善。

4. 每个子女都有自身的局限

有些父母看不见子女的局限性，有时父母并非看不见，而是不愿意看见，不愿接受这个事实。例如，子女其他科目成绩不错，就不愿看见有一科不及格；明明子女有体育潜质，却不愿看见子女不是读书的材料。有时父母还会在不知不觉中把子女跟他人进行比较，相比之下，总会发现子女比别人弱。以上种种不安都源于父母的担心和焦虑，怕子女不成才。这种害怕有碍父母发现子女的潜能。其实在某一方面有限制，就代表另一方面有优秀的地方。子女是否出色，在于你能否看见。

你的子女能否从你这里获得
足够的肯定和鼓励？

给父母打打气

父母赞赏子女，一开始可能会感到有些不习惯，但只要肯尝试，子女是感受得到的。

很多人在成长过程中都缺乏父母的肯定和欣赏。因为没有这种经验，所以他们在成为父母以后很难在子女身上实践。我甚至发觉有些父母本身的自尊感就不是很高，有些则对自己很苛刻，希望成为"二十四孝"父母，子女一出现问题，就想尽办法解决子女未完善的事，有时甚至怀疑自己。**要知道，子女不是父母的成绩单。父母应放下这块心头大石，放心去扶持青少年子女成长。**

心理学上有一个概念叫"足够好的母亲"（good enough mother），意思是母亲尽了个人责任，就足以得满分。世上没有完美，只有足够好。足够好的父母觉得子女足够好，自己也足够好。每一位父母都足够好，请你欣赏和肯定自己的付出。即使子女有时会反叛不听话，也不能抹杀你多年来为他们付出的心血。世界上没有人可以取代你。请你颁一个"好爸爸""好妈妈"奖给自己。

夫妻之间也要互相肯定，丈夫不要一味批评妻子不懂得教育儿女，妻子也不要常常抱怨丈夫不顾家，要多看配偶的付出和优点，多肯定他们，这样也可以在家庭中建立欣赏文化。

本章金句

赞赏是一种正面的助力，可以为青少年赋能。

练习

练习一：为赞赏做准备

如果你总是很难发现子女值得称赞的地方，可能是你还没有做好准备，或没有时间思考。尝试回想子女不同的行为，即使微小，也应一一记录下来。这些事情可以是他们令你开心和安慰的正面事件，也可以是他们为别人的付出。

不需要一下子就写出 10 项，这个表可以随身携带，一想起就写下来。

1.＿＿＿＿＿＿＿＿＿＿＿＿＿＿＿＿＿＿＿＿＿＿＿＿＿

2.＿＿＿＿＿＿＿＿＿＿＿＿＿＿＿＿＿＿＿＿＿＿＿＿＿

3.＿＿＿＿＿＿＿＿＿＿＿＿＿＿＿＿＿＿＿＿＿＿＿＿＿

4.＿＿＿＿＿＿＿＿＿＿＿＿＿＿＿＿＿＿＿＿＿＿＿＿＿

5.＿＿＿＿＿＿＿＿＿＿＿＿＿＿＿＿＿＿＿＿＿＿＿＿＿

6.＿＿＿＿＿＿＿＿＿＿＿＿＿＿＿＿＿＿＿＿＿＿＿＿＿

7.＿＿＿＿＿＿＿＿＿＿＿＿＿＿＿＿＿＿＿＿＿＿＿＿＿

8.＿＿＿＿＿＿＿＿＿＿＿＿＿＿＿＿＿＿＿＿＿＿＿＿＿

9.＿＿＿＿＿＿＿＿＿＿＿＿＿＿＿＿＿＿＿＿＿＿＿＿＿

10.＿＿＿＿＿＿＿＿＿＿＿＿＿＿＿＿＿＿＿＿＿＿＿＿

完成练习一之后，不要收起，请你拿着这张清单和子女分享，告诉他们你为何这样想。之后，记下他们的反应。

练习二：欣赏自己和配偶

有时对自己非常苛刻的人往往是自己。欣赏子女之前，要先学习欣赏自己。试在下表中写出 5 项你作为父亲或母亲的优点，之后再写上配偶的优点，彼此交换和分享。

自己

1. _____

2. _____

3. _____

4. _____

5. _____

配偶

1. _____

2. _____

3. _____

4. _____

5. _____

练习三：鼓励练习

上文提到，用鼓励代替批评，鼓励的方向是说出"我的信息"（用"我觉得"开始）、信任子女的能力（用"我相信"开始），给予他们正能量，让他们感到自己有能力去做事情。

1. 子女很晚还未上床睡觉。（你想他早点休息）

我的信息：＿＿＿＿＿＿＿＿＿＿＿＿＿＿＿＿＿＿＿＿＿＿＿＿

鼓励：＿＿＿＿＿＿＿＿＿＿＿＿＿＿＿＿＿＿＿＿＿＿＿＿＿＿＿

2. 子女从冰箱里拿东西吃，没有关好冰箱门。（你想他以后记住）

我的信息：＿＿＿＿＿＿＿＿＿＿＿＿＿＿＿＿＿＿＿＿＿＿＿＿

鼓励：＿＿＿＿＿＿＿＿＿＿＿＿＿＿＿＿＿＿＿＿＿＿＿＿＿＿＿

3. 子女答应你一旦晚回家就打电话告诉你，却忘记了。（你想他以后做事有交代）

我的信息：＿＿＿＿＿＿＿＿＿＿＿＿＿＿＿＿＿＿＿＿＿＿＿＿

鼓励：＿＿＿＿＿＿＿＿＿＿＿＿＿＿＿＿＿＿＿＿＿＿＿＿＿＿＿

4. 子女因为贪玩，弄坏了家中的电器。（你想他以后小心）

我的信息：＿＿＿＿＿＿＿＿＿＿＿＿＿＿＿＿＿＿＿＿＿＿＿＿

鼓励：＿＿＿＿＿＿＿＿＿＿＿＿＿＿＿＿＿＿＿＿＿＿＿＿＿＿＿

5. 子女不知在哪里丢掉了家中的钥匙。（你想他以后小心）

我的信息：＿＿＿＿＿＿＿＿＿＿＿＿＿＿＿＿＿＿＿＿＿＿＿＿

鼓励：＿＿＿＿＿＿＿＿＿＿＿＿＿＿＿＿＿＿＿＿＿＿＿＿＿＿＿

练习三建议答案

1. **我的信息**：我（觉得）担心你太晚睡觉，会影响健康。
   鼓励：我相信你知道充足睡眠对你来说很重要。

2. **我的信息**：我见你没有关好冰箱门，的确（觉得）不满意。
   鼓励：我相信这件事对你来说只是举手之劳。

3. **我的信息**：你没有发短信来，我（觉得）很担心，而且不知道何时做饭。
   鼓励：我相信你下次会记得告诉我一声。

4. **我的信息**：我（觉得）不高兴，因为又要找人修理。
   鼓励：我相信你是懂得分寸的。

5. **我的信息**：我真有点生气，不过我知道你很着急，生气也没用。
   鼓励：你尝试慢慢回想一下，可能会想起掉在哪里了。如果想不起来，也没办法，以后小心一点。

第六章

你都不懂我！

——接纳子女的个性

目标：

接纳子女与自己的不同，因材施教。

技巧：

对子女另眼相看。

引言

青少年子女常常跟父母对着干，你叫他向东，他偏向西；叫他向西，他偏向东。有时不一定是他们反叛，而是他们的性格和行事风格与父母实在是南辕北辙。所以，父母一直希望他们做到的事情，他们总是办不到或不肯办，如收拾房间、做事专心、做人踏实等。有的父母甚至半开玩笑半带无奈地对我说，有时甚至怀疑子女是否是自己亲生的，为何跟自己像是两个世界的人，不晓得如何和这个"异类"相处。

每个人都有自己的性格特征和长处，有人文静，有人好动；有人主动，有人被动。配偶还可以选择，子女却没法选择，因为他们的个性和特质很大程度上是天生的，不受父母的控制。大部分父母对子女已有相当认识，最初不以为意；可是，当孩子进入青少年时期，个性愈见突显，跟自己的矛盾愈来愈大时，父母愈来愈不知该如何与他们相处。

情境 "火星撞地球" 的母子

苏珊的儿子亚历克斯，14 岁。自从他上小学四年级后，母子关系开始恶化，两个人常常为了生活琐事发生争执。苏珊做事细心，井然有序，守时守承诺。可是，亚历克斯却是个粗心大意、慢条斯理、率性而为的孩子。你可以想象，"火星撞地球"，怎能和平相处？

苏珊打算送亚历克斯到国外上学。她为了培养儿子的责任心，找了几所国外学校的资料，让儿子收集相关信息，进行研究和选择，希望他可以在出国读书前，在处事方法上有一点改善。

然而，亚历克斯一如既往，没有立即去做，苏珊就批评他："自己的事都不着急！"

亚历克斯反驳道："有必要这么急吗？还有时间！"苏珊虽气上心头，但只有忍耐。

到了最后期限，苏珊继续催促他，亚历克斯漫不经心地上网浏览了一番，之后随意指了其中的一所学校。

亚历克斯说："就这所吧！"

苏珊耐着性子问他："为什么选这所？"

亚历克斯说："因为学校的外形很酷！"

苏珊见儿子这么不认真，实在忍无可忍，她大声斥责道："现在你是去读书，还是去玩？你简直在浪费我的钱，你以后不要再读书了！"

儿子反驳说："你根本不理解我！是你叫我读的，又不是我自己想读！"

苏珊气得要命，真的想叫儿子不要去读书了，还不如赶快找工作，自己养活自己。她十分气愤地说："为何你这个儿子跟我这么不同？"

拆解

开放地聆听

我们在第一章提到了聆听的重要性，开放地聆听才更为有效。

上面的例子反映了母子因性格不同而带来的冲突。母亲天性井然有序，做事认真，儿子则不拘小节，美感先行。如果母亲想化解冲突，与儿子进一步沟通，就要暂时放下自己的标准，敞开心胸，聆听儿子的心声。

以下是正面示范：

儿子：（选定了一所学校）"就这所吧！"

母亲：（虽有点愕然，但试探着问）"为什么选这所？"（了解子女的目的）

儿子：（懒懒地说）"因为学校的外形很酷！"

母亲：（心中不悦，但再次试问）"外形酷是什么意思？"（放下自己讲求实际的心态，不要先动怒，进一步了解子女的想法）

儿子："酷，就会令我读得开心！"（有时子女的话会让你摸不着头脑，但先不要动气）

母亲：（险些昏倒，却耐心追问）"我不太明白。你的意思是你特别喜欢酷的东西和环境？"（进一步了解子女的喜好）

儿子：（兴奋地说）"对！我特别喜欢酷的东西！"（子女开始具体展现自己的个性和喜好）

母亲：（回想平日里的观察）"我一直都觉得你的美感很强，难怪你的美术设计特别出色。"（通过对子女的观察去了解他，只有这样，才能真正肯定他的特质）

儿子："我曾经想选这类科目，但我不太确定。有时拿不定主意自己到底要选哪一科。"（子女说出心里的挣扎）

母亲："我明白有时很难做出自己的选择，所以无论是选择学校还是科目，都要从多方面进行考虑。不如我们一起看看这所学校各方面的优劣，再作定论。"（指引子女多角度考虑，父母的态度首先要开放）

父母要抱有开放的心态，认真聆听，这是老生常谈，不易做到，特别是当子女的观点、角度、喜好和期望与父母大相径庭时，就想对方听从自己。的确，家长的经验和阅历比子女多，容易看出子女的想法不够周全。但是，成长是需要时间的，家长也是花了很长时间才变得成熟起来。

上述例子中的母亲没有马上对儿子的行为做出判断，给出批评、意见和评论，而是耐心地去发现儿子的特质，肯定他的想法和挣扎。**父母开放的态度可以带动子女学习开放地聆听你的意见。相反，当父母太快做出批评时，子女会立刻产生防卫心理，把精力放在跟父母的对抗而不是自我反省上。**

开放地聆听，就是先放下个人标准，
聆听子女的想法。

接纳子女和你的不同

上一章提到赞赏的重点是"看见"。这一章要谈的是如何与个性、特质和自己不同的子女相处，重点也是"看见"。上一章的"看见"，是要看见子女好的特质；这一章的"看见"，是指发现子女和你不同的特质。

"看见"有两个层次：

1. 愿意深入了解和认识子女的个性、特质、取向和能力限制

例如，他是个怎样的人、他的好恶、他处事的方式、他观察事物的侧重点、他做什么比较有效率什么比较慢，做什么比较易什么比较难，等等。很多时候，父母以为自己已经足够了解子女了；可是，子女进入青少年期后，他们的心态、智力、爱好和价值观会发生极速转变，有时甚至超乎你的想象。试想，即使面对跟你相处了多年的父母或者配偶，有时也仍然会对他们的某些方面感到陌生，或者不能完全明白。所以，父母要学习不断重新认识子女。

2. "看见"不单要用肉眼，而是要从心里接纳他跟你的不同

接纳不代表接受或者同意，而是理解他，尊重他。他就是他，你们是两个不同的个体，他未必像你。父母不是不想尊重，而是因为自己"吃的盐多过他们吃的米"，能辨别什么是"最好"和"最有效"，一眼就看透子女的问题。这种接纳不在于判定谁对谁错，否则会很快中断彼此的沟通，阻碍你进一步认识和了解子女。

反面示范："你做事总要等到最后一分钟，这样下去，总有一天会出问题。为什么你一点都不像我？"（不是你的行事作风）

正面示范："我通常会预先做一件事，而你却喜欢在最后一刻冲刺，我们做事各有特色。"

反面示范："你这种打扮上街简直吓死人！"（不是你的穿衣风格）

正面示范："我从未见过这种打扮，这叫什么？有什么特色？"

你会问，与子女相处了十几载，怎会不认识他们，怎会难以看见呢？可能问题在于彼此相处太久，难以接受彼此的不同。

1. 父母的不适应

当子女到了青春期，父母也步入中年，性格已经定型，个人的生活模式以及与家人的相处模式也相当牢固，转变和适应较为不易。相对来说，青少年在这个时期要寻找自己的身份，从孩童蜕变成大人。转变对于青少年来说是理所当然的，父母面对转变中的子女，当然要不断适应和配合。不习惯、不舒服，是难以避免的。

父母不妨带着学习的态度，尝试去了解子女的心态和想法，发现他们想法中值得肯定的地方。这样一来，他们便会和你分享更多，解释更多，否则有可能预设为你一定不会认同的态度，还会说"跟你讲都气"。

2. 父母的担心

很多父母认为子女的性格有问题，生怕他们将来会出现更大的问题。如前所述，父母的性格大致定型，也建立了一套行之有效的生活模式和方法。例如，朋友多才会有更多机会、做人不要感情用事等。当看见子女跟自己不同时，自然会担心他们的方式不可行、没有效，将来难以在竞争激烈的社会中生存，难免想要纠正他们。可是，每次都引起他们的反弹。

更为有效的方法是，鼓励子女找到属于自己的特质和优点，学会如何与不同的人相处和合作。

世界每天都在变，
生活中很难找到行之有效的唯一方程式，
社会需要拥有不同特质的人互相配合。

做好父母有何难

你跟子女各有长处

所谓"一样米养百样人"。父母进一步学习接纳，就是了解自己和子女有何不同，更要明白各自的优点和长处，不要太快下"子女一定有问题"的结论。

为了帮助家长系统地了解人与人的不同，我想介绍一种工具——"梅耶-布里格斯性格分类指标"（Myers-Briggs Type Indicator，简称"MBTI"）。MBTI 把人的个性分为 4 对形态，每对形态描述人的不同的行为范畴。它的好处是指出人各有不同，每种特质都有其长处和功能。

表 6-1　梅耶-布里格斯性格分类指标

行为范畴	相对形态		
发挥及获得内在能量的方向	外向（Extrovert） 专注于外在的人和事物，倾向于将能量往外释放	VS	内向（Introvert） 专注于自己的印象、想法及思想，倾向于将能量向内流动
处理及接收信息的方向	实感（Sensing） 着眼于当前事物，惯于先用五感来感受世界		直觉（Intuition） 着重可能性及理论，用联想或幻想来理解世界
做决定时侧重的方向	理性（Thinking） 根据是非对错及客观逻辑来分析结果及影响，或者做决定		情感（Feeling） 根据价值观、主观感受及人际关系来做决定
生活模式和态度	判断（Judging） 倾向井然有序及有组织的生活，喜欢安顿好一切事物		理解（Perceiving） 倾向自然发生及弹性的生活，对任何意见都持开放态度

请你从表6-1中选出最能形容你的形态，最后会得出4种形态，填入表6-2中。

表6-2　最能反映父母及子女性格的形态

行为范畴	你的形态	子女的形态
发挥及获得内在能量的方向		
处理及接收信息的方向		
做决定时侧重的方向		
生活模式和态度		

你觉得自己属于哪种形态？你的子女又属于哪种形态？你们什么地方相同？什么地方不同？你和子女通常发生冲突的情况是什么？你通常不满意的是什么？

如果你有两个子女，可能一个比较像你，教育时会较轻松，另一个跟你大不同，把你气得要死。这张表格可以带给你一点启发。

不同性格产生不同的关系张力

当性格不相同时，关系便容易产生张力。很多时候，当子女的性格形态与父母相对时，父母往往会感到难以和他们相处。上文中的母亲苏珊很明显是实感型（Sensing），而亚历克斯则是直觉型（Intuition）。实感型的人难以明白直觉型的人的天马行空，而直觉型的人会讨厌实感型的人的仔细和啰唆。

请看其他例子。

外向与内向

父亲是个外向型的人，成长中的生活圈子很广，喜欢和朋友外出。可是女儿从小学到中学朋友都不多，又不太热衷交际，每天放学后，只会回家学习或听歌、上网。父亲虽然明白人各有不同，女儿有自己的性格，但还是不免担心女儿是否过于孤僻，又怕她将来在社会上不懂待人接物，会失去一些机会。他常常嘱咐女儿多交朋友，替她报名参加不同的群体活动，却遭到了女儿的诸多推搪。父亲已是"老鼠拉龟——苦无对策"，他没有发现，女儿并不需要太多的朋友，只要有一两个知心朋友便足够了，而且女儿爱用文字表达，不愿上街瞎逛。

感性与理性

母亲是个既感性又重关系的人，讲求和谐。她认为子女要听父母的话，可是儿子升入中学后，常常跟自己"顶嘴"，什么事都要和她争执一番。母亲说不，他偏偏要问为何不可以。母亲常常为此感到非常厌倦，很多时候不知道该如何回答儿子的问题，也不想回应，索性说："总之我说是就是，不是就不是，不要再问了！"她心里非常难受，为何儿子总是反叛不听话。她不明白，儿子是一个理性型的人，事事都想寻根究底，喜欢讨论，没有察觉到自己这一反应正在伤害亲子关系。但是母亲却觉得儿子不尊重她。

判断与理解

母亲是个计划周详的人，做事从不拖延，只会及时完成。她觉得早点完成，就可以有闲余时间做其他事情。相反，儿子是个率性随意的人，事事要拖延到最后一分钟。一方面他兴趣广泛，有很多要做要玩的事，相信自己一定可以在最后期限前完成。因此，母子二人常常在不同的事情上拉锯。儿子讨厌母亲常常催促自己，而母亲也会担心儿子完成不了，两个人天天争吵。

从上面几个例子我们可以看出，亲子间的不同性格会引发不同的关系张力，而张力往往在于父母对子女的焦虑和担心。因为父母的性格与子女不同，不能完全理解对方的想法，也无法想象和估计未来会发生什么事，子女的计划是否可行，甚至不知道很多事情是可以从另外一个角度来看的。

站在别人的角度看问题，关键是要持开放的态度，不要觉得自己永远正确。就好像你与配偶性格不同，你很想让对方为你改变，但相处多年后会发现，真正的相处之道还是接纳和包容，你改变不了对方，对方也改变不了你。

和子女相处也是一样的道理，接纳他们，多询问，多聆听，多了解他们，让他们也可以了解自己。因材施教并非勉强迁就，而是让他们更了解自己，发挥自己的长处。

表6-3列出了4对形态的不同之处及各自的张力位置。

表6-3　4对形态的不同之处及其张力位置

外向（Extrovert）	VS	内向（Introvert）
父母为行动型，喜欢拥有不同的体验。他们期望子女比较活跃，愿意尝试不同的事物，担心子女只会独处，朋友不多 张力位置：内向的子女感到压力		父母较寡言，喜欢安静和独处。他们的观察力和反思能力很强，也期望子女比较安静，多反省自己。和子女发生摩擦后，需要独处和个人空间 张力位置：子女感觉被忽略和冷落
实感（Sensing）	VS	直觉（Intuition）
父母着眼在细节上，做事很踏实，实事求是，亲力亲为。他们怕子女天马行空，不切实际。如果子女不按常规做事，会令他们很担心 张力位置：子女感到很厌烦		父母着眼在"大图画"和更多的可能性上。思考和说话讲原则，讲框架，讲主线，却容易忽视细节。他们害怕子女过于注重实际，讲求细节而看不清全貌 张力位置：子女感觉父母的指示不清晰或不实在
理性（Thinking）	VS	情感（Feeling）
父母比较理性，爱分析，常常问子女为什么，要讲道理，道德先行，用是非对错判断子女，令子女觉得不近人情 张力位置：子女感到父母不理解他们		父母多看重关系和感情，期望子女和自己关系亲密，情绪较多，可能令子女产生压迫感 张力位置：子女感觉父母给人压迫感，过于情绪化
判断（Judging）	VS	理解（Perceiving）
父母事事井然有序，有计划，有预备。他们不容易忍受子女无计划，不整齐，太随意，太多突发奇想 张力位置：子女感到父母吹毛求疵		父母较随意，容许很多可能性，较有弹性。他们不喜欢子女有板有眼，一成不变 张力位置：子女感到生活无规律，难以把握

另眼看子女

读到这里，父母可能明白人各有不同。可是，当父母看到子女的"问题"行为和习惯时，还是会觉得不顺眼。例如，子女做事慢慢吞吞，要父母三催四请；做事不专注，要父母提醒了又提醒。

父母可能忽略了凡事都有两面性。父母依据自己的个性，看事物只习惯看到一面，而且还是有问题或负面的那一面。

这里介绍一种技巧，叫作"易框重塑"（Reframing），就是把一件事情放入另一个思维框架中来理解，日常生活中也常会用到这种技巧。
例如：

· 危机，有危就有机，可以转危为机。
· 一个人的弱点，也正是他的特点。
· 没有改变，表明现时处境已经是最好。
· 直接向我提出反对意见，表明对方信任我。

将这种思考放在亲子沟通上，可以重新理解子女"有问题"的一面。父母都盼望子女好，因此，要学习从好的方面去看待子女。这种"另眼相待"的态度，能帮助子女发掘自己的长处，充分发挥自己的才能。

正如前文所提到的，父母的责任不是查找不足；相反，是找出子女的优秀之处并加以鼓励，只有这样，才可以有效教育子女。表 6-4 中列举了一些关于"易框重塑"的例子。

表 6-4 "易框重塑"

行为表现	固有负面看法	转换思维框架
做事拖延，不会事先准备，思考很久才做	做事慢慢吞吞	淡定，深思熟虑
做事时，喜欢搞东搞西	不专注	好奇心强，喜欢探索
反驳父母	抬杠	有批判性思维
不切实际的想法	天马行空，混乱	有创意

示范（请用柔和的语气和欣赏的态度来表达）：

· 当子女做事慢慢吞吞时："我看你做作业时似乎要花很长时间来思考，你在思考什么？"

· 当子女抬杠时："你的分析力很强，如果语气温和一点，我会感觉更好。"

· 当子女的思想天马行空时："你的想象力如此丰富，要不要考虑进行一些创作训练呢？"

"易框重塑"是一种心态的转换，父母应改变看待子女的方式，真诚地欣赏子女。

给父母的心法

先有尊重才能说教

父母另眼看待子女，也会遇上另一个难题：究竟如何分辨子女的特质和未完善的地方？如果父母看见子女未完善的地方而不去教导，岂不失职？要准确分辨，全靠父母平日对子女的观察和认识。父母要有效教导子女，先从尊重开始。**父母要尊重与承认子女的长处与短处，在懂得欣赏子女的长处之余，更要接纳他们的短处。**

例如，子女不修边幅，如果父母一开始就批评，他一定不想理睬你。如果你先肯定他是个率真的人，之后再讨论如何改善，还可以有商量的余地。青少年的自尊心较强，对于批评很敏感，所以更需要保护。

这一章不是要父母什么都不教，什么都不讲，而是鼓励父母先尊重子女，后说教。这不单是一种说话技巧，更是一份真心的尊重。

> 儿子的房间乱七八糟，父亲每次提醒他整理房间，儿子都会说："这是我的'style'，这样我才能找到我的东西。"
>
> 父亲心里疑惑："难道我要一味地尊重他的'混乱'，不去教导他吗？"

答案是要尊重子女的特质，也要教给子女尊重的道理。

> 父亲可以这样说："这是你的空间，我尊重你的'style'（尊重子女）。不过，我也希望你能懂得尊重别人（教导）。例如，当有客人探访时，为了表示对别人的尊重，我希望你先收拾一下。这是我们彼此之间的尊重。可以吗？"

有时，要先体谅子女的处境，再努力寻求方法给予帮助和鼓励。

母亲留意到儿子写作文时不够专心，心想：作文题目很容易，很想提醒他专心一点，免得很晚都不能按时上床睡觉。但是，母亲心里提醒自己，要先了解子女的特质，可能作文不是他的强项吧！

于是母亲说："你写作文会如何开始？"之后，儿子慨叹自己没有想象力，写了一句之后就不知道该如何继续写下去。于是，母亲逐字逐句地引导儿子学习续写。虽然最后成绩不尽如人意，母亲仍然欣赏他的努力和进步。

母亲要先放下成见，不要先认定子女不专心，主动了解和体谅子女的特质，通过观察和询问，对症下药。

如果你常常急于指出子女的问题，
有想过自己为何会那么心急吗？

给父母打打气

每个人都有自己的性格，能力也有强有弱。外向的相对面是内向，实干的相对面是幻想。我们对相对面比较陌生，没有太多把握。在亲子教养上，这种陌生感会为父母带来焦虑。每个人都有自己要走的路，怎样走才最合适，只有子女自己知道。父母只可从旁给予建议。

另一个相对面可能是你未完成的梦想。有时父母会把自己做不到的事情或未完成的梦想转移到子女身上，又或者把个人的能力限制、际遇或未能达成的目标转化成对子女的期望和目标。这种期望化为父母的焦虑和压力，以致时刻希望子女做多一点，做好一点，以达成父母的目标。

最后一个相对面可能来自你的婚姻。尝试检视你的婚姻关系，你最讨厌、最不满意子女的地方，可能正是你对配偶最不满意的地方。例如，你一向不喜欢丈夫对家事爱理不理，自然容易将这份不满投射到子女身上，认为子女跟爸爸一样不负责任。这种想法只会使你增加对子女的焦虑而不自知，为此，要好好跟配偶商量如何处理问题。有时，单亲家长较容易把对前任配偶的不满投射在子女身上，要多留心察觉。

本章金句

**因材施教不是勉强迁就子女，
而是让他们更了解自己，发挥个人长处。**

练习

练习一：自我检视

请回答以下问题，检视自己对子女的看法。很多时候，你之所以不满意他们，纯粹是因为他们与你不同或者有些地方不及你，或者是和你讨厌配偶的地方刚好重合，而并非子女"真的不好"。

· 子女与你有什么相似的地方：

满意的：_____

不满意的：_____

· 子女与你有什么不同的地方：

满意的：_____

不满意的：_____

· 子女与你的配偶有什么相似的地方：

满意的：_____

不满意的：_____

· 子女与你的配偶有什么不同的地方：

满意的：_____

不满意的：_____

如果你有两个或以上的子女，还可以比较他们有何不同。

练习二: "易框重塑"

运用"易框重塑"的思维，从正向角度去看以上你对子女不满意的地方，如将不修边幅转换为随意、率性、自由。

行为	不满意的地方	为何不满意？ （可以反思自己这一看法是否来自社会的标准）	从新的角度诠释子女的行为
子女吃饭吃得慢	慢慢吞吞，不专心	社会看重速度，子女吃得慢就会被歧视	吃饭是一种享受，不一定要吃得快

第七章

我好恨你呀！
——平息子女的怒火

目标：

父母与子女要学会在愤怒过后平静下来，重启沟通。

技巧：

父母及子女的愤怒情绪处理。

引言

你是否想过，子女令你最生气的地方是什么？达不到你的要求？完成不了答应你的事？成绩不及格？可能都不是，最令父母痛心的，往往是子女对自己的恶劣态度，不讲道理，甚至出言不逊。

父母为子女付出了那么多，不计回报，可是当他们闹情绪时，却视自己为"仇人"，凶神恶煞，不但出口伤人，甚至有时武力相向。每当这时，你不但感到失望难过，也会担心他们将来如何处世，难道一不高兴就对上司破口大骂吗？

但问题往往不至于此。当父母与子女之间产生矛盾时，双方常常难以自控，互相攻击，令紧张关系火上浇油。有时做父母的也会自责，自己为何如此难以自控，但父母也是人，也难免会有情绪。正所谓爱之深，责之切。换作是别人的子女，你根本不用如此生气。你之所以会着急，只是因为子女是自己最关心、最爱护的人。

情境 车厢中的父子角力

阿权的儿子天佑 13 岁，性格跟阿权很像，容易冲动。

每当天佑有什么做得不对，例如不肯收拾自己的东西、读书不专注时，阿权就会训斥他。天佑当然不甘示弱，必定大力反击，高声回应："你自己都没有做好！""你别说话，好烦呀！"天佑说完便躲回自己的房间，猛力关上门。阿权十分生气，心想："这个儿子只会顶嘴。"

一次在地铁车厢内，天佑拿出手机玩游戏。阿权之前已多次提醒，一直看手机容易坐过站。这次他一看到就严厉斥责："你在家中就不停打游戏，现在还要打？你给我立即收起来！否则我就没收！"

"我在家中只不过打了一会儿！"天佑的双眼仍然紧盯着手机，根本不抬眼看父亲。

阿权见儿子无动于衷，立刻一把抢过他的手机。天佑当然想抢回来，未果，就一直怒目瞪着父亲。父亲见状，内心感到自己很不被尊重，明明是为你好，你还以为自己没错，反过来跟我斗？一团怒火在心中燃烧。

于是，父亲反唇相讥："你不服气吗？"之后，父亲见天佑的嘴唇竟然微微颤动，口中似乎念念有词，像是在悄声咒骂自己。阿权控制不住心中的怒气，便在众目睽睽之下掴了儿子一巴掌。天佑初时感到愕然，之后流下眼泪，见列车到站后，立即冲出车厢，一面跑，一面大喊："我好恨你！"

处理愤怒，先要降温

很多家庭都会遇到类似的情况，明明是芝麻绿豆大的事情，最后竟然演变成重大冲突。

愤怒是一个"过程"

愤怒是一种很激烈的情绪，杀伤力巨大。人在盛怒之下，任何一件事情都有可能引发很多负面状况。**愤怒是一种逐渐升温的情绪，是一个"过程"**。不少人的情绪不会一开始就到达愤怒的顶点，正如故事中的父子俩，初时双方的愤怒情绪都不算太大，尚且可以平复。可是，父亲没有察觉到这一点，任由事情发展，结果导致双方情绪升温，一发不可收拾。

儿子情绪升温的过程

天佑的不满首先来自父亲的干扰，其次是父亲说话的语气，之后父亲又抢夺手机，令他感觉自己没有被尊重，怒气飙升。此时，父亲不仅没有立刻降温，还加了一句"你不服气吗"，以一种以大欺小的姿态挑衅他，这让他的愤怒情绪更加一发不可收拾。可是，他无法跟父亲直接对峙，升温的愤怒情绪无处宣泄，唯有口中念念有词来表达自己心中的不满。不料父亲竟然出手打人，儿子满心的怨愤和委屈达到顶点，情绪崩溃，于是迅速逃离。

父亲情绪升温的过程

父亲先是不满儿子手机不离手，之后又开始担心：如此下去，一定打游戏成瘾，以后再没有心思读书学习。他提出警告后，儿子无动于衷，仿佛完全没有把自己的话听进去，父亲感觉自己没有被尊重，愤怒情绪开始升温，之后就直接用行动阻止，抢夺儿子的手机。怎料儿子怒目相向，以沉默来反击。"明明是为你好，你不听，还以为自己没有错，反过来跟我斗？"想到这里，父亲心中忍无可忍，怒气上升至顶点，于是掴了儿子一记耳光。

有效平息怒火

看见一点火星，当然要立即扑灭，不能等它越烧越旺。平息怒火也是一样，当父母和子女都出现愤怒情绪时，首先要"扑灭"怒火。其中最有效的方法就是运用同理心和"我的信息"。同理心可以使子女感觉自己得到了尊重与理解，对此，父母要掌握子女的情绪变化程度，一旦感觉升温，就要立即降温。而"我的信息"也可以让子女明白，父母不是要攻击他，而是在关心他，如此也能起到降温的作用。

父亲：（低声而坚定地说）"你在家中已经打了很长时间的游戏了，马上把它收起来！"
（虽然是同一番话，但在众目睽睽之下，语气宜收敛一些）

儿子：（开始有点烦躁）"我在家中只不过打了一会儿！"
（一般来说，青少年不容易收手）

父亲：（语气温和）"我知道你很想多打一会儿。"
（察觉子女有点烦躁，要用同理心降温）

儿子：（央求）"给我多玩一会儿吧！"
（稍有降温，仍想讨价还价）

这时候，父母往往想立即和子女商量如何处理，但我建议先用"我的信息"让子女多一点心理准备。

父亲：（坚定而严肃地表达）"我已经礼貌地向你提出了要求，但你似乎不予理会，爸爸觉得很失望。我担心你不知节制。"

儿子："我会的。"

父亲：（仍保持语调平稳）"我相信你，而且，我也不是不准你玩手机。"

儿子："我知道节制。"又低下头继续玩。

父亲：（态度坚决）"好了，爸爸相信你，总之两站之后你要主动收起来，知道吗？"

儿子：（不耐烦地说）"好了！好了！"

过了两站，儿子的确收起了手机。

父亲：（点头称许）"你很讲信用，爸爸欣赏你这一点，之后我可以继续信任你。"

过了两站，儿子仍然玩个不停。

父亲：（努力克制自己心中的不满）"爸爸提醒你，已经过了两站了。如果你再不主动收手机，我会很失望，因为我之前信任过你。"

（先运用"我的信息"，严肃地望着他，不用急，再多给他一点时间）

儿子："好了！好了！好烦呀！"（最终收起手机，但语气不满）

父亲："我知道你有点不满，但这是我们先前的约定。"

（不要反击，要先用同理心降温，然后再讲道理）

这种情况下，子女的脸色可能会很难看，此时父母不要立即反击指责，以免火上浇油，可以先让子女冷静一下。青少年比成年人需要更多的时间来给情绪降温，他们"怒气冲冲"的表现其实是一个自我降温的过程。

反面示范："为什么怒气冲冲的？你还不知道自己错了？"

正面示范："我相信你可以处理自己的情绪，我先让你冷静一会儿。"

（暂时不要追问，待大家冷静后，再转移话题，重新破冰）

掌控他人和自己的情绪并不容易，不过这是可以学习的。**遇到冲突时，多给自己一点空间，细心问自己的感受，问自己的怒气有多大，同时容许自己有不愉快，也可以问自己：为什么不愉快？感觉哪里受到了伤害？**

怒气冲冲，也要先降温后说教。

愤怒是一种防卫

上文提过，父母要接纳子女的负面情绪。人们往往难以接纳愤怒的情绪，其实愤怒也有其正面意义，它是人的原始防卫机制，有助于自我保护。例如，无端被他人攻击时，愤怒的防卫机制会促使你反抗或阻止对方，如果不会愤怒，就只会退缩，任人欺负。

对于青少年而言，愤怒的防卫性体现在两方面：一是带有一定的挑衅性，用于反抗和阻止父母的批评或干涉；二是保护和掩饰自己内心深藏的脆弱感受。不过，父母通常容易发现子女愤怒情绪中对抗的一面，而忽视了脆弱感受的一面。

·当子女做错事时，面对质询，他们往往表现得态度傲慢，死不认错（反抗），其实内心害怕受到父母的指责和责罚（保护脆弱感受）。

·当子女感受到父母的不信任时，便会不断反击，强词夺理（反抗），甚至摔门摔东西（反抗），其实是因为他们的内心感受到了委屈和不公平（保护脆弱感受）。

·当子女想拥有一件渴望的东西或一种自由和权利时，如果父母反对，他们最初会表现出不满（反抗）；要是不得要领，可能反过来变得不在乎甚至反叛（反抗），其实是在掩饰内心的失望（保护脆弱感受）。

父母要接纳子女的愤怒情绪，就要察觉上述两方面的信息，尤其需要接纳子女内心脆弱的一面，这样家长运用同理心时才会奏效。

以下是一个正面和反面的例子：

> 志豪对母亲说自己放学后要去补习。可是，补习班老师打电话来说志豪缺席，而志豪没有接母亲的电话，也不回复她的短信，母亲十分担心。晚饭时间已经过了，儿子终于回到了家，而且看上去面色不太好，准备冲入自己的房间……

反面示范：

母亲：（大声呵斥）"志豪，不要进房间，我想跟你谈谈。"

志豪：（不耐烦）"有什么好谈的？" （开始防卫）

母亲：（不满）"你这是什么态度？" （母亲感到不被尊重）

志豪：（高声说）"我不想谈！" （提升防卫）

母亲：（严厉地说）"你做了错事，当然不想谈！" （急于想要儿子知道有错）

志豪："我做错什么事了？"

母亲：（愈感不满）"你做了什么事，你自己知道！"

志豪：（还想冲入房间）"我懒得理你。"

母亲：（再次提高声调）"补习班老师打电话来，说你缺席，你究竟去了哪里？"
（已经不耐烦听儿子的回应，直斥其非）

志豪：（甩开双手）"懒得理你！" （反抗）

母亲：（站起来，厉声喝道）"你说什么？信不信我告诉爸爸？"
（母亲也开始反击，用爸爸这件"武器"）

志豪：（冲入房间，抛下一句）"你想说就说吧！我不在乎！"

这样下来，母亲和儿子都气急败坏，一轮对话过后，什么答案也得不到。母亲担心儿子说谎，长大后变成一个不诚实的人，处理问题时有些心急，只想着要让儿子明白不诚实的害处，却忘记了向儿子表达同理心，结果反而招来了儿子的反抗，最后母亲也开始反击起来。

正面示范：

母亲：（语气严肃）"志豪，先不要回房，我想跟你谈谈。"

志豪：（不耐烦）"有什么好谈的？" （开始防卫）

母亲：（保持心情平和）"听你的语气，似乎不想跟我谈？" （同理心）

志豪：（没好气地答道）"没什么好谈的！" （仍然坚持防卫）

母亲：（尽量保持平和的语气）"放心，我不是想指责你，只是想好好跟你谈谈。"
（降低对儿子的威胁感）

志豪：（翻了个白眼）"有什么话，快说！"（防卫心未完全解除）

母亲：（深呼吸）"我猜你怕我知道你没有去补习班，向我撒了谎，也怕我会指责你……"（同理心，降低儿子的威胁感）

志豪：（有点犹豫）"又如何？我的确没去补习班。"（继续防卫）

母亲：（正色道）"我希望你明白，重点不在于你有没有去补习，我只是希望你知道，妈妈很担心你，希望你做个诚实的孩子。"（降低儿子的威胁感、同时"我的信息"对准焦点——儿子的品格）

志豪："……"（不敢回应，但情绪开始降温）

母亲：（继续耐住性子表达）"不要紧，我只想跟你好好谈谈，了解到底发生了什么事。明白吗？"（邀请儿子好好对话）

志豪："说吧！"（情绪稍微平复，但仍带点防卫）

母亲：（温和地说）"不用怕，我们慢慢说。"（再给儿子一点安全感）

在正面示范里，母亲知道儿子处于愤怒状态，对话是急不来的，也不可能当场问责；她体恤儿子这一刻的防卫态度是基于内心的脆弱感受（如怕被指责）。所以，她小心翼翼，为儿子的情绪"拆炸弹"，不断给予他安全感，降低他的防卫心理，然后再努力了解事情的真相。

愤怒既是反抗也代表脆弱，
只要父母小心分辨，准确应对，
万事都可协商。

做好父母有何难

处理子女愤怒情绪的步骤

上文曾提到，帮助子女处理愤怒情绪，首先要替他们降温。青少年的自制力比成年人低，愤怒情绪来得比成年人强烈，因此降温所需的空间和时间比成年人多，父母要有一定的心理准备，不要高估他们的自控能力，也不要低估所需的心力和时间。以下是一些具体做法。

步骤 1：远离冲突现场。

帮助子女冷静的最佳方法是让他们离开冲突现场。例如，兄弟俩起争执时，最好先将二人分开；子女做作业时心情很坏，可以让他们暂时停止，做一些其他事情转移注意力。注意不要使子女感到"把他抽离"是一种惩罚，宜采取建议的方式，例如："我知道你很生气。你可以选择回房间待一会儿，自己先冷静一下。"

步骤 2：选择适当的时间和地点。

很多父母都很心急，希望能尽快解决问题，或生怕失去教训的时机，以为如果不"就地正法"，子女以后就不会听劝告。或者，见子女屡屡把自己关在房间里，或者埋头坐在电脑前便心急起来，有时甚至不分场合就开始教训。可是，谁都爱面子，青少年也很讨厌在别人面前或者众目睽睽之下被父母教训，这会使得他们防卫更严密。所以，即使在街上发生状况，也可以先与子女约定好，回家后双方再沟通。

其实，挑选合适的时间和地点与子女进行沟通非常重要。很多时候，家庭中的争执往往发生在晚上（为了学习、家务等），双方吵得面红耳赤，疲惫不堪，明早还要上班、上学。这时，父母何不暂时放下，另找时间再谈呢？

步骤 3：避免再度刺激子女。

愤怒是防卫性情绪，为的是保护自己内在脆弱的感受，所以父母要注意自己的言行，避免再次刺激子女，同时也要避免出现某些侮辱性行动或话语。例如，人身攻击、掌掴、扔掷他们的私人物品、侮辱他们的朋友。以下是一些家长常犯的技巧性错误。

· **穷追猛打**：你知道自己做了什么吗？你为何要这样做？你知道你做错了吗？

· **人身攻击**：你无用！不管怎么教你都不懂！

· **出言威胁**：你下次再做，我会把你赶出家门！

· **厉声命令**：马上给我做！去！

· **八股道理**：你知道对错吗？你根本不晓得这件事的严重性……

· **夸大事实**：你次次都是如此！你这样做，所有人都会讨厌你。

· **比较贬损**：别人的子女不会像你这样冲父母乱发脾气。

· **反唇相讥**：你这样做对得很呢，以后多做点吧！我哪里敢再骂你！

· **恶语诅咒**：你继续这样做，将来肯定会去坐牢！

如果一时不知道该如何说，不如暂时不说。保持沉默反而可以帮助子女冷静下来，这样，子女已经知道父母不悦。

步骤 4：对准子女的"引爆点"。

青少年生气的原因很多，而最要命的愤怒"引爆点"通常有这几个：不被信任、不被认同、不被欣赏、觉得委屈（被错怪）或受到不公平对待。最有效的降温方法是立即对这些感受（同理心）给予认同（肯定）。

> 子女：你从来都不相信我有学习吧！
> 错误回应：你这样的成绩，叫我怎么相信你？
> 正面回应：我的确看到你付出过，相信你很努力。
>
> 子女：这件事与我无关！
> 错误回应：你做错了，还说无关？
> 正面回应：我相信不是你出了问题，不如你给我解释一下发生了什么事。
>
> 子女：姐姐有，为什么我不可以有？
> 错误回应：因为姐姐比你大。
> 正面回应：你觉得姐姐有，而你没有，所以感到不公平，令你很生气，是吗？

步骤 5：帮助子女承认自己的愤怒。

一个人如果能够确认自己的情绪，就会比较容易处理。不过，帮助青少年承认内心的愤怒不是一件容易的事。当他们难以自我察觉时，父母可加以提示：

"**我看你现在很愤怒，我们都先冷静一下，之后再谈，可以吗？**"如果他们仍然否认，可以说："**我的确感觉到你在生气，我听出你的语气和平日不同。**"不过，有时他们仍然矢口否认，因为担心自己一旦承认，父母就会利用这个"弱点"去攻击他们。要让子女承认自己的愤怒，首先要给他们一份安全感，让他们放下戒心。例如，"**我不是想惩罚你，我答应你不会追究，你不用害怕，我只想跟你讲道理。**"

步骤 6：帮助子女明白愤怒的来源。

每次发生冲突之后，不要不了了之，父母要探询子女愤怒的真正来源。很多时候愤怒只是表象，它的下面可能隐藏了自卑、挫败感，或者是对父母、老师的不满。父母可以尝试探源，首要方向是认定孩子生气背后一定源于某种难过或不愉快，不要被他们的情绪激怒，尝试平心静气地探询他们不开心的缘由。

步骤 7：给予情感支持。

当子女因做错事而受到父母的责骂而感到愤怒时，父母要给子女生气的机会，可以为子女提供一些积极的方法，帮助他们发泄，如做各种运动、游戏、一家人外出走走等。有时咆哮、用力击打枕头也是合理的发泄方式。同时也是一种安慰，称为情感的修补。

如果父母生子女的气，首先要自我检视（可参考下一部分及练习），以身作则，先向子女道歉，承认自己也有愤怒情绪，表达自己内心的感受。希望子女成为怎样的人，自己要先成为这样的人："**我先向你道歉，因为我说了难听的话。但我请你也承认你的话也伤害了我。**"

步骤 8：聆听与尊重。

对话时，不要以长辈自居，让子女先说，即使你觉得他们说得没有道理，也要先聆听，依照前面的步骤，发掘情绪背后的真相（如感觉受到不公平对待、不被尊重等）。

容许子女说"不"。不要太快喝止他们，有时候冲突的产生源于彼此间的立场不同，并非高下之别，切记要与子女保持同一高度（尊严）。如果子女的情绪未完全平息，可以暂时"休战"，约好日后再谈，给子女和自己留够充足的时间。

步骤似乎很多，但道理只有一个：为愤怒降温。**降温的重点是找出子女的"引爆点"（即不安的地方），明白他们，予以同理心，不急于处理和解决问题。**

为愤怒降温，找出子女的"引爆点"。

给父母的心法

父母处理愤怒的步骤

道理似乎很简单——降温、"拆炸弹"。可是，难题在于父母自己尚且处于愤怒的状态，也就很难冷静下来去理解子女并想出应对的方法。我听过有些父母对正在发怒的子女说："你控制一下自己的情绪，好吗？""你注意一下你的态度好吗？""你想想自己做错了什么？"其实这种说法往往于事无补，难以降温。

在飞机上遇到危险时，父母自己要先戴上氧气面罩，之后才可以帮助子女，这是常识。愤怒是非常激烈的情绪，父母不要期望子女可以自行处理。降温，先由父母开始，然后父母才能帮助子女降温。

步骤1：意识到自己的愤怒情绪。

先留意自己是否已被子女激怒，是否快要不能自控了。要有效处理愤怒情绪，首先要意识到它的存在，而意识往往先从身体的反应开始。例如：

· 心跳及呼吸加快

· 肌肉紧绷

· 面红耳赤

· 咬牙切齿

· 头痛或胃痛

· 憋气

· 说话愈来愈大声

・想骂人或打人
・想扔东西或毁坏东西
・想通过激烈的行为进行发泄

如果你发现自己有以上情况，你可能已经进入愤怒状态，需要采取步骤2。

步骤2：暂停对话。

很多时候，看到子女的激烈反应，父母会尝试向子女解释，为自己辩护，愈讲愈激动，语气也愈讲愈激烈，在这种情况下，双方即使不想吵架也会吵起来。因此，在双方情绪高涨或失控时，沉默是金。**沉默不是认输，也并非默认子女是对的，而是腾出空间，让双方冷静下来。** 当父母保持沉默时，可能子女仍然在大吵大闹，这时，请父母尽量保持冷静。争吵，要两个人"合作"才吵得起来。如果一方冷静，另一方也容易渐渐熄火。

步骤3：我要冷静（立刻冷静）。

沉默未必可以降温，但父母仍要学会保持冷静。不冷静，就什么都做不到。要尽量提醒自己："发脾气不能解决问题，我要冷静，冷静……"一面暗示自己，一面深呼吸，用一两分钟的时间把注意力从让你生气的子女和事件转换到自己的呼吸上。不过，要多试几次才会奏效。

如果你是站着的，可以立刻坐下，或者把身体靠在平稳的地方，之后继续深呼吸，让腹部随呼吸放松和收缩，这是腹式呼吸法。

如果仍然未能冷静下来，或者子女仍然不停地挑衅自己，最好暂时离开现场，可以到卫生间洗脸或到厨房喝一杯水。不要担心问题无法解决，将来一定有机会处理的。

步骤 4：只针对单一事件。

情绪渐渐平静下来，头脑也逐渐清醒起来，可以问问自己，这一刻，最令你愤怒的是什么？是子女不礼貌，不守约？是一件大事，还是一件小事？还是想起子女以前发生过的事？

很多时候，愤怒是累积而成的（正如之前所说是一个"过程"）。**父母对子女的愤怒不单是因为面前这件事，可能还累积了子女以前的失误，引发了父母的失望和焦急，从而导致今天的忍无可忍。**不过，还是请你对准焦点，子女最讨厌父母翻旧账。试想，你也不想上司跟你翻旧账，不想配偶跟你争执时翻旧账。而且，每件事的性质和细节都有所不同，一言难尽，这种做法起码可以帮助你暂停将愤怒升级。

步骤 5：重启对话。

沟通的目的当然是重启对话，但在双方愤怒时，重启对话容易令彼此的情绪再度升温，结果只会导致互相攻击和防卫，变成硬碰硬，从而使双方的冲突扩大。

当你感觉自己和子女的情绪都慢慢冷静下来，不会立即针锋相对时，才可以考虑重启对话。家长要把注意力集中在对话的主题上，坚持把话题方向引向解决之道，不要被子女的防卫举动和情绪反应激怒，从而偏离"正轨"，重新掉入愤怒的陷阱。

如果开始对话时，发觉自己的情绪再次升温，可以回到步骤1~4，重新开始。

步骤 6：长远展望。

当自己可以保持冷静并能够进行对话时，可以尝试把眼光看远一点，问问自己："究竟面前这件事，或者子女现在做的事或讲的话，长远来看是不是很不得了？我和子女之间最重要的是彼此的关系，是否应执着于一时的对与错呢？"从现在开始算起1年、5年，甚至10年，你要和子女建立起怎么样的关系，才是你要考虑的。

再问自己："我心里到底想达到什么样的目的？"也许你打算立竿见影，马上解决问题，但现实是，双方处于愤怒中是无法做到这一点的。还是先体恤子女的心情，然后再慢慢管教。品格要靠关系培养，急不来。

以上调节身体、情绪以至思维的方法，能帮助父母降温、校正焦点，有更大的空间和气量面对处于愤怒情绪中的子女。世上没有一蹴而就的沟通秘籍，我鼓励父母逐次试，逐次练，长期终会见到成果。

处理愤怒情绪需要学习和操练，
不断练习，必见成果。

找到自己的情感 "死穴"

父母处理自己愤怒情绪的步骤有 6 个，而处理子女愤怒情绪的则多达 8 个之多。你会感到吃力、气馁、泄气吗？处理子女的愤怒情绪是最难的部分。世上没有父母可以做到完美。**不用灰心，父母不是圣人。哪个做父母的没有出过错，没有情绪**？不放弃的父母、肯坚持的父母、肯学习的父母，就是好父母。

你之所以动怒，是因为爱惜你的子女。你这时不妨冷静下来仔细想想，自己在哪种情况下易被子女激怒。这些可能就是你的情感 "死穴"。什么是情感 "死穴"？可能是你的盲点、"按钮"、底线等。例如：

·盲点（内心的期望）：原来自己最讨厌子女的地方，也正是一直讨厌配偶的地方。

·"按钮"（最令你生气的事）：原来自己一直最讨厌被别人说成是不尽责的父母。

·底线（最不能容忍的事）：原来我什么都可以容忍，只是不能容忍别人说谎。

你知道自己的情感 "死穴" 吗？它可能反映你内心对子女的期望，或你跟子女不同的地方等。进一步来说，它可能反映你的价值观、人际观，对关系的期望、对自己的期望，甚至婚姻关系状况。

情感 "死穴" 也反映出一些性别特质的差异，例如部分母亲看到子女出状况会特别紧张，容易控制不住自己的情绪。如果你是这样，不妨提醒自己不用太担心，用长远的目光去看待子女的成长。

有些父亲因为看见子女对自己没大没小，态度恶劣，认为自己的尊严受损，就愤怒起来。如果你是这样，不妨问问自己，是尊严重要，还是亲子关系重要。

子女的愤怒情绪具有很大的杀伤力，会给父母造成很大的伤害。父母要善于寻找倾诉对象，多给自己一点空间。更重要的是，夫妻之间要相互支持，聆听对方的心声。如果真的感觉子女不能控制自己的情绪，甚至有一定的暴力倾向，可能需要及时寻找专业辅导。

我在辅导室看过很多个案，很多青少年都可以顺利度过"暴风期"，终会转好。**人有成长的潜在力量，父母的主要责任是给子女提供一个安稳的成长环境，他们自然会长大**。即使现在还不能自如地应对他们的愤怒情绪也不用气馁，相信有一天你的子女定会成长。

你找到自己的情感盲点、"按钮"、底线了吗？

给父母打打气

我认识一个有注意力缺失及多动症（ADHD）子女的家庭。患有注意力缺失及多动症的孩子比同龄人更容易冲动，更容易发怒，且难以自控。孩子上五年级时，已经出现了这样的状况。父母想尽办法，软硬兼施，都没有什么效果。父亲感到很疲惫，甚至想要放弃。每当孩子有情绪时，父亲只会采用武力镇压。久而久之，亲子关系变得很差，很疏离。这时候，父亲对孩子已近乎绝望。

孩子上初三那年，父亲在学校的家长开放日遇到儿子的一位老师。老师对他说，孩子有一次向他吐露心声，提到讨厌自己的父亲，觉得父母不爱自己。父亲听到后很愕然，自己怎么会不爱孩子？原来自己一直采用的方法只会令子女更讨厌自己。

从这一天开始，父亲对自己说，不再用武力去对待孩子，而且一定要在他身上多花时间，多与他谈心。起初两年，孩子对父亲仍然存有戒心，不愿放开自己，担心父亲故态复萌。当孩子上高二时，父亲终于观察到孩子有了变化，他愿意保持冷静，愿意承担责任，像变了一个人。父亲前后花了七八年时间去守候孩子成长，终于"守得云开见月明"。不错，父母最重要的责任就是守望子女的成长，我们也不知道他们会在哪一天完全长大，但是我们相信，自己总会等到这一天。

本章金句

愤怒也有其正面意义，
它是人类原始的防卫机制。

练习

练习一：自我检视

　　自我检视是最好的预防方法，确保父母动怒时可以控制住自己的情绪，从而能控制事态的发展。你知道自己在生气吗？你知道子女在生气吗？你察觉到你的表达方式有问题吗？回答下列问题，检测你是否善于处理子女的愤怒情绪。

· 当我生气时，我觉得怎样？想到什么？

_____

· 当我生气时，通常会说什么？做什么？

_____

· 子女在什么事情上特别容易令我愤怒？

_____

· 当子女生气时，我会怎样？

_____

· 为了避免生气，我会怎样？

_____

· 当我生气时，子女看我像什么？

_____

· 当我发怒时，子女通常的反应是什么？

_____

练习二：记录子女愤怒时的情况

每次与子女发生冲突后不要不了了之，冷静下来仔细回想，并记录下来。

时间	地点	事件	对象	反应	表达方式	愤怒后的感觉

这个记录有助于父母掌握子女的情绪模式和激动的原因。

将来，父母可以尽量避免，也可以告诉子女，让他们更了解自己。

· 子女生气发怒时，我看他像谁?

_____

· 子女愤怒的背后隐藏了哪些脆弱的感受?

_____

· 子女生气是为了获得什么?

_____

· 我可以体谅子女的这种需要和感受吗? 为什么?

_____

练习三：寻找自己的情感 "死穴"

向朋友分享完成的练习，询问对方的意见，看看自己的情感 "死穴" 在哪里。

针对处事：没效率、拖泥带水、没建设性、不尽责……

针对关系：背叛、漠视、不被明白、不被体谅、不领情、被冤枉、他人的目光……

针对道德：说谎、得失、得罪别人、金钱价值观、性价值观、政治取向、犯法、
　　　　　信仰……

·盲点（内心的期望）：

_____

· "按钮" （最令你生气的事）：

_____

·底线（最不能容忍的事）：

_____

第八章

你讲来讲去都是这一套，有没有别的呀？

——不再吵闹的亲子时间

目标：

在忙碌中享受充满温馨的亲子时间，
建立亲密关系。

技巧：

与子女谈心。

引言

在现代家庭中，父母往往都是双职工，他们每天工作结束后已经筋疲力尽，回到家中还要处理家里的大事小事，教育子女，辅导子女的功课，有如打第二份工；即使是全职母亲也不清闲，大清早便起床为家人准备早餐，有时甚至做家务到深夜，整天忙得团团转，根本没有时间留给自己；至于子女，也是上学、课外补习、参加兴趣班和各种比赛……一家人每天有多少时间相聚？

记得有一次，我们询问父母有什么喜好，很多父母都答不上来。他们不是没有喜好，而是太久没有做过自己喜欢的事：与朋友聊天没有空，逛街也是匆匆忙忙的，购物就是直奔目的地，不能好好放松。现在，父母的心血都倾注在子女身上，每天为工作、为子女忙碌着。谈自己的喜好，实在是太奢侈了！

讲来讲去都是这一套

由于相聚时间太少，父母与子女见面交谈也只得追求效率，务求一语中的。

> 妈妈边做家务边说："回来啦？今日测验懂吗？"
>
> 爸爸边打手机边说："为何还在看电视？这种节目有什么好看？快快关机，今天有什么作业？为何不快快做？"
>
> 妈妈边吃饭边说："我们不是想催你，但你每晚都做到深更半夜，明天早上又起不了床，我真不明白为何你不可以勤快一点，一回来立刻做作业，做完想玩什么都可以！将来你长大了，更要早睡早起，难道想上班迟到，被人开除吗？"
>
> 爸爸一下班回来立刻说："你要懂事呀！爸爸妈妈供书教学，都是为了你的将来，所以你要好好珍惜。知道吗？想当年我们哪有这么好的条件……"
>
> 子女（终于出场）："你讲来讲去都是这一套，有没有别的呀？"

为人父母，谁不想与子女轻轻松松相处，有说有笑，享受亲子之乐？可是眼见子女的日常行为，总是会忍不住多督促几句。结果，话题来来去去都集中在学习、生活习惯、个人素质这几项内容上。要命的是，当子女觉得父母讲来讲去都是这些时，他们对父母也别无二致——"妈，我想买双球鞋！""爸，给我钱去上街！"

很多父母慨叹自己在子女心里只是"提款机"，要求子女一起外出只可"利诱"，亲情仿佛荡然无存，心中实在不是滋味。

一家人为什么无话可说？

1. 重"功能"轻"关系"的氛围

在高度竞争的社会中，重视功能的价值观无可避免地渗入家庭。从选择奶粉，到选择以什么语言与子女交谈；从选择玩具，到选择居住环境，无不让家长以赚钱为目标。很多家庭在子女读小学前一年，每逢周末的亲子活动便成了小学招生的面试，多少父母在孩子被心仪的学校拒绝后失眠恸哭。子女上小学后，主要的家庭生活便是陪子女做作业，接送上兴趣班，参加各种比赛，即使父母和子女都深感无奈，也要硬着头皮继续做下去。

培养子女当然重要，但这种"功利性思维"给家庭带来的最大影响是父母过于焦虑，无法平衡亲子关系，不知不觉间也培养了子女的趋利能力。有时我们在街头可以听到父母与子女的这种交谈——

（餐厅）

父母："你想吃面条还是米饭？"

子女："面条。"

父母："面条的英语怎么读？'Noodle'怎么拼写？对了。'我想吃面条'的英语怎么说？"

当一家人全天候被这种氛围包围时，沟通肯定会令人倍感厌烦和乏味。**因此，在高压社会中，家庭更要重视有质量的相处时间，培养亲子感情，而不能只着眼于解决问题和提升竞争力。**

2. 对情感交流感到很陌生

不少父母对情感交流感到很陌生。毕竟，我们的情感表达相当含蓄。自己童年时都没有看见过父母温柔的眼神，也没有被父母亲吻、拥抱过，更没有得到过父母亲切的鼓励和肯定。他们常说："我的父母很少理会我，不过都还好，好自由！我没学坏。""我们的父母嘴上不会讲，不过知道他们疼爱我们！怎么知道？（苦苦思索）总之是知道啦！""我们心里渴望被爱，但又觉得表达出来有些肉麻，不太习惯。"

对于不习惯情感交流的人来说，进行情感交流的确有些可怕。父母可能经常与子女交谈，其中却没有"情"的交流。有些父母好不容易迈出了第一步与子女谈心，可是又由于太生硬，反而被子女嫌弃，于是他们又退回到那个冰冷的壳里。

逃避情感交流

久而久之，这些父母会以种种理由逃避与家人的情感交流。

·百务缠身，工作、家务总是一项接一项，总是找不到人帮忙，以致没空跟家人好好谈心；

·各自忙碌，互不相干，又因大家口味不同、不能迁就而各自用餐；即使同桌吃饭也会各自低头玩手机；

·与子女谈话、玩乐时总是心不在焉，令子女感到"无心"；

·有时遇到子女忽然心情好，向自己讲了很多心事，心里其实十分高兴，却又只会以空洞的大道理、分析对错、教训对方来回应对方，令子女失望；

·常常淡化家里发生的大事，如在吃饭或看电视时将一些家庭大事漫不经心地说出来。例如，"我们过段时间要搬家。""七叔七婶分开了。"然后若无其事地继续吃饭或看电视。

3. 青少年子女不再需要父母?

很多青少年的父母以为，不是自己不愿陪伴子女，而是子女不愿再和自己在一起，他们老是约朋友玩，或是一个人待在房间里。这种"被子女遗弃"的苦涩使父母感到自己不再重要，这种失落，难以言表。

青少年的主要成长任务就是逐渐离开父母，独立自主。上中学之后，子女独处和与朋友活动的时间骤增，家庭活动参加得少。虽然这是子女成长的必经之路，但并不是说父母不再重要。青少年子女仍然非常重视父母，只是需要的形式不同，父母的角色也应发生转变。

　·青少年希望与朋友共同探索这个世界，但仍然想和父母分享他们的冒险故事。他们希望父母给予他们赞赏和肯定，好让他们有勇气继续探索。

　·遇到困难时，他们会向朋友倾诉，可是仍然希望有父母的支持。他们希望父母聆听自己的心声，多给他们一些鼓励，了解他们真正的困难，给予具体的意见。

　·有时他们心中的小孩模式仍会出现，希望父母在无人看见时亲亲自己，晚上偶然会想让父母陪睡闲聊，喜欢父母与自己玩些游戏，等等。只要一家人维持良好的亲子关系，父母仍然可以与子女共度亲密相聚的时刻。

　　我们曾举办过不少青少年家庭营活动，在体验游戏中，鼓励父母运用前面章节所讲述的同理心、赞赏、鼓励等方法。营会结束时，不少父母看到子女发生了转变，他们由来时的"板着脸"变成"开笼雀"，向父母诉说了很多心事。由此可见，**青少年子女不是不想跟父母谈心，只是所需的时间和形式改变了，父母应重视与子女的和谐相处，建立亲密关系。**

　　万事起头难，但只要坚持下去便会慢慢习惯。虽然子女对父母的忸怩作态有所猜忌或说不在乎，但他们绝不是嫌弃父母，他们仍然在耐心等待。下文将具体谈论如何"谈心"。

亲子间无话可说只因没有尝试去说。

家庭欢乐时光

家庭欢乐时光是指家庭成员在固定的时间里暂时放下手上的工作和学习，专注于与家人相处，一起谈心或从事轻松享受的活动，交流情感，培养良好的家庭关系，让家人感受到被重视和被关爱。要建立亲密的家庭关系，就要保证家庭的欢乐时光。

家庭欢乐时光的作用

·让家庭成员认识各自的兴趣、能力和自己所面对的挑战。事实上，每个家庭成员都会经历不同的成长阶段，青少年的变化尤其大，父母需要不断地改变对子女的认识。

·让家庭成员一同面对家庭的变化。家庭中发生的变化很多时候是导致家庭危机的诱因，如孩子出生、父母工作变动、收入改变、子女进入青春期、父母进入更年期、亲人离别等都是重大的挑战，家庭成员之间需要互相谅解、配合、支持，只有这样，才能跨过危机，家庭关系才会更加稳固。

·建立良好的亲子关系。良好的亲子关系就像一张存款充足的银行卡，教育时需要用上规劝、教导、处罚等方法，子女可能会生你的气或反抗，但如果卡内有足够的余额，子女最终会相信父母的教育于他有益，是为他好。恶劣的亲子关系则像空空如也的银行卡，双方没有信任基础，一旦实施管教，子女便会处处与父母作对，甚至出口伤人。因此，父母平时要及时为亲子银行"储蓄"，使其在教育青少年子女的过程中发挥重要作用。

设计家庭活动的宜忌

因兴趣或体能的差异，有很多活动未必适合这个年龄的父母和青春期的子女一起参与。据观察，现在的青少年子女较多与父母进行的活动是吃饭、看电视、闲谈、逛街，也会玩纸牌游戏，假日外出旅游。相较于朋友，青少年陪父母逛街可以吃好吃的、买想买的、玩好玩的。然而很多父母会认为这些太过于物质化了，好像子女就知道父母会心甘情愿掏腰包。的确，如果没有陪伴，这些就只是物质上的满足。**但如果把这些活动转化为相聚的欢乐时光，父母细心留意子女的喜好，这些物质就盛载着一份心意，是爱的传递，可以让子女感受到父母的关心。**

有时子女沉迷的个人活动，也可以转化为互动和共同的亲子活动。比如有些父母陪子女追剧、打游戏，也可以增进亲子关系。亲子相聚，不在于活动的性质和数量的多寡，而取决于相处的氛围。

另外要注意，切勿把轻松的家庭活动变成训话或冲突的场面。有时父母未能放松，一旦在活动中想起子女的一些问题，或是活动过程中见到他们不理想的行为，又或者在商量过程中意见不合，会当场训斥子女或与之发生争执，结果往往不欢而散。这时，父母可以选择忍一忍，以后再寻找合适的时机与子女讨论。

亲子欢乐时光有助于建立亲密关系，
彼此认识，共同支持。

如何谈心？

应在什么时间进行？

如果父母与子女平日太少交谈，应先一起订下一个共处的时段。

· 如果一家人一周只有一天的时间在一起，可以规定每周至少有一小时的交流时间，最好是固定时段，久而久之，可以成为习惯；

· 如果你和家人每天都会一起吃晚饭，那么可以约定在晚饭后的 15 分钟至 30 分钟；

· 如果你有多个子女，那么除了一家人共处的时间，还可以逐渐增加每周与子女单独相处的时间。

家庭治疗师维琴尼亚·萨提尔（Virginia Satir）提出了家庭谈心的几个项目，有助于促进亲子关系。我们结合自己的实战经验做了一些改动，提出以下5 个主题。

1. 情绪天气报告

每人轮流描述自己当时的心情，并解释原因。

"分享情绪状态"最适合用来拉开"欢乐时光"的序幕。因为子女的心情很容易影响他们对讨论的投入程度，在开始时便分享自己当时的心情，有助于帮助子女舒缓情绪，使他们更易进入状态，也有助于父母掌握子女的情况。

如果子女不太擅长描述感受，可以采取以下方法：

· 用晴天、阴天、雨天、电闪雷鸣等天气状况来形容自己的心情；

· 用 1~10 分给自己的心情打分，其中 1 分代表心情很坏，10 分代表心情非常好；

· 如果连话也不想说，可以运用身体语言，如用手势来表示自己的心情，手举得愈高，代表心情愈好。

谨记，这是一段轻松的时间，如果子女不想多讲，或者你觉得他口不对心，也不必勉强，示范一下即可。你可以说："不要紧，一会儿想说再说。"这样，子女会感受到你的尊重。

2. 欣赏对方
每人轮流讲一件这周内欣赏其他家人的事情，内容必须具体。

> 妈妈："我星期一病了，你主动替我擦完地板收完衣服，才去打球，你这么懂事，
> 我真的好欣慰呀！"

对于赞赏应注意的事项请参考第六章。切记，不论子女表情如何，他已甜在心里了。

另外，当子女表达对你的欣赏后，你可以予以正面回应。

> 妈妈："听到你这样说，我好开心呀！"

父母的回应能鼓励子女多讲欣赏的话。

如果你觉得子女的欣赏是在敷衍，也不要紧，简单说一句"谢谢"便可。只要你继续认认真真地示范，便能起到潜移默化的作用，渐渐地，他们会认真对待的。

3. 说出一件不满的事情并提出改善建议
每人轮流说出一件这周对家庭不满的事情，其他人只是聆听，不可动怒争辩。

子女："我快要考试了,但你们把电视的音量开得太大,我根本不能集中精力看书。"

父母："的确是难以集中注意力（同理心），你的建议是什么？"

子女："开小声一点啦！"

·聆听而非判定：这一项往往是最花时间的，因为家人之间要互相聆听、提出建议并定下执行细节，建议大家参考第三章"我的信息"和第九章"订立沟通规则"。父母要切记，自己这时不是要做裁判官去判定谁是谁非，而是鼓励家人互相聆听，起到疏导情绪和彼此谅解的作用。

·不宜逃避争议：有些讨论需要较长的时间思考或搜集数据，所以不一定要马上得出结论。然而，父母也要留意，如果你不同意某些意见，应该用明确且温和的语言表达自己的态度。沟通需要诚意，只有诚意才能打动子女，促使他们与父母共同处理问题。

然而，如果讨论过程中出现较大争议，在鼓励各人聆听对方意见后可暂时搁置。如果家人以前的误解较深，可能需要较长时间才能开始理性讨论。在这种情况下，无须强求每次都要有结果。如果争论升级，场面失控，可参考第七章"平息子女的怒火"，宜暂时中止讨论，安抚家庭成员的情绪。

·不合宜情况：如果家人出现情绪过激失控或使用攻击性的语言等状况，宜暂时中止交谈。父母可另找时间，如相约个别家人在吃饭、购物或闲谈时带出话题，聆听他的心声，化解他心中的怨气，待其情绪稳定或同意遵守沟通规则时，再组织全家人进行讨论。

4．交流新信息

每人用"我的信息"分享一件这周内关于自己或家庭的新信息，可以是单纯分享感受，也可以邀请全家人一起讨论。

> 爸爸："这周公司加班，累死我了，有时间真想好好休息一下！"

切记，只是分享个人感受，不要变相教训他人。

> 爸爸："我这么辛苦都是为了你，你要有出息啊！"

不宜谈论夫妻和亲属之间的问题，例如埋怨配偶的种种不是，或是婆媳纠纷等，因为这些是子女无能为力的事情。作为父母，我们应该传递给子女的信息是父母有能力处理成人之间的事情，不需要他们介入和操心。

5. 分享转变和讨论

事情不论好坏，都可以在这个时段宣布，让每个人表达自己的想法，好好消化事件。

> 爸爸："小明的爸爸妈妈离婚，我们之前都谈过，不过都没帮上什么忙，好可惜。不知大家有什么感受？"
>
> 女儿："……不知道！……相处不愉快离婚也好！好过终日吵架！"
>
> 儿子："……那小明以后怎么办呀？"

或者父母会觉得，这些事很难和子女谈论。但他们总会从不同的渠道获得这些消息，而父母保持沉默容易向子女传递一个信息，就是"不愉快的事件是秘密"，大家都应该隐瞒，装作没事发生。可以想象，如果日后子女发生了什么事，自然也不会宣之于口。

子女的回应可以让父母了解他们更多。像上文中的例子，不知你有没有机会跟子女交流彼此的婚姻观？现代的青少年对婚姻很矛盾，你可以把握机会与他们交谈。再详细一点的讨论是："父母离婚，孩子怎么办？"在他们心里，是否也会担心自己的父母会离婚？子女心里可能有很多疑虑，一家人应坦诚交流，彼此了解。

或者父母担心不知道该如何回应这些话题，或子女问了很多问题，自己不知道该如何作答，岂不是很难堪？我们只需要彼此分享感受，互相了解便足矣。**父母不是圣人，不用全知全能。与子女一起成长、共同探索，他们会感受到你们是真真实实的、与他们同行的父母。**

6. 分享愿望

愿望是壁炉里点燃的那粒火种，为家庭带来温暖和光明，带领全家充满动力地走向未来。有梦想，家庭就有盼望！

愿望可以有很多种：

· 举办家庭活动，如享受一顿美味的晚餐，参与一些新游戏，设计一个新颖的家庭活动，或收获一次梦寐以求的旅行体验。

· 对家庭成员面对变化和挑战的盼望，如父母将变换工作，子女要应付大考，要搬家等。不过，与第四点不同的是，分享的是愿望。例如妈妈说："我希望新工作能够减少加班，可以多回家吃饭，有更多的时间运动和健身！"

· 家庭成员的长远愿望，如梦想的职业、生活方式和心愿。"梦想"可能是两代人之间很难企及的事。很多父母已届中年，在社会上摸爬滚打多年，每天要为家庭的生计而劳碌，深感梦想不能当饭吃，因此期望子女踏踏实实找工作。不过，在青少年阶段，梦想是不可或缺的，是他们学习的动力，是帮助他们实现人生目标的重要燃料。青少年的自我尚未定型，梦想天天在变，父母无须太在意，只需要给机会让他们说出来，陪他们一起造梦，憧憬未来，给予鼓励便可。

实际运用时会遇到的困难

1. 时间运用

如果每次只有 15 至 30 分钟，建议选择一些简短、正面和不易引发争执的分享内容，如情绪天气报告、欣赏对方和讲一点新信息或愿望，建立彼此间的正面关系。不过，家庭中不应逃避争议，以免累积怨气，从而酿成更大的冲突，可以待时间充裕再处理家人的抱怨。另外，父母请尽量保证讨论准时开始和结束，切勿花太多时间等待迟到的家人，也尽量不要超时，否则，下次会更难约到子女。

2. 讨论松散

由于这是一段轻松的时间，一家人很容易闲聊，或是轻松说笑，或是插科打诨；父母切勿当是公司开会，强制执行，要是话题扯得太远，平心静气地请子女回归正题便可。

3. 执行决定

若一家人对某项决定达成共识，便应该执行，不应反悔、拖延或不了了之，因为这是对家人的承诺。如果子女一方未能守诺，父母需好好跟进，了解原因；若是父母一方未做到，应诚心向子女解释个中难处。人无完人，父母也会有难处和不足，只要坦诚告诉子女便是。子女可能难以接受父母失信，也许会感到不公平，也会因为得不到想要的东西而失望，这时候，父母应以同理心接纳他们的失望之情，想法化解他们心中的郁结。

不论欣赏和抱怨，
都可以和家人坦诚分享。

以陪伴传递爱

有一对父子性格内向寡言。父母在儿子童年时常忙于工作，疏于培养亲子感情。儿子进入青少年阶段后，由于儿子的学业和日常琐事，父子间的摩擦日益增多。一天，父亲气得不行，开口便叫儿子去死，儿子竟然应声爬上窗户，幸好被家人及时拉了回来。父亲发现事态严重，于是与儿子一起寻求心理辅导。

在辅导过程中，儿子释放出心中多年的怨恨，辅导员引导父亲聆听儿子的心声。儿子表达自己对这个家的遗憾和伤感。长期以来父母与他很少沟通，家人之间的情感较为淡薄；他认为父母不够爱他，只会盯着他的成绩，又经常强迫他做一些不喜欢的事情，如练习空手道。父亲默默聆听后，表示愿意更多地了解儿子。

辅导员也引导不善言辞的父亲表达自己的心意。由于儿子从小很少表达自己，父亲一直担心儿子像自己一样过于内向，可是又不知该如何引导他，常常感到无从入手。父亲自己童年时因性格内向常受欺凌，他担心儿子也会和自己一样被欺凌，于是便强迫他去学空手道，但他从未告诉儿子原因。儿子当时默默听着，没表示什么。

辅导员建议父子以"家庭欢乐时光"的方式谈心，鼓励他们多在一起活动。过了一段时间，父亲与儿子旅行数天，一起游山玩水、购物、吃美食，兴之所至还跳进河里捉鱼。回来之后，儿子表示自己很开心，又说父亲最近话多了起来。辅导员问儿子："你觉得爸爸爱你吗？爸爸想让你学空手道，可能方法不是很好，但你明白他背后的善意吗？"儿子含泪点了点头，他感受到了爸爸对他的爱。

给父母打打气

家庭中的欢乐时光能让家人彼此分享、互相祝福、开放、共同进退，成为有盼望的群体。

在培育子女时，我们常常要问一个问题：我们希望子女将来是懂得享受爱的美妙，还是只追求安稳的生活？高度竞争的社会叫人着眼于实质成效，但正如《小王子》一书中所言："真正重要的东西，是眼睛看不见的。"亲密关系是看不见的，也不能量化成效。

有很多人认为育有残障子女的父母人生必定充满悲痛和担忧。然而，这些父母体会到的是，子女会用一整天的时间尽心尽力为父母画一张卡片，他们全心全意地仰望父母，依靠父母，会用心记住父母不经意间说出的话，让父母发现自己的价值。这些父母不会计较子女在社会上有无经济价值，仍然对子女不离不弃，单单因为他们是自己的子女。这些经历，让父母体会到了来自家人的那份无条件的爱，这是他们生命中最大的幸福。

今天很多家庭育有健全聪明的孩子，但他们却活在不满足、追赶和孤独疏离的痛苦中，失落了人间最重要的祝福，岂不可惜！

爱能感应、享受、联结、共鸣，那种美妙不可言传，只有亲自体会过的人才会明白。只有懂得爱，人生才会无憾。

本章金句

一家人在一起，原是为了享受爱。

第八章 你讲来讲去都是这一套，有没有别的呀？——不再吵闹的亲子时间

练习

邀约子女，找一个轻松的时间，散步、吃饭或是游玩、逛街，在途中尝试以下对话。

1. 询问他们今天的心情，然后表达自己的感受。

2. 表达这周最欣赏他们的一件事情，询问这周父母有没有做过他们欣赏的事。

3. 主动提出一件子女曾表达过不满的事情，请子女详细讲述，表示你会多聆听。用"我的信息"表达一件你希望子女改善的事情，如果没有什么把握能好好谈，可暂时略去。

4. 告诉子女一条关于你的新信息，也请子女告诉你一件关于他们的事情，表达你只是想多了解他们。如果子女不愿多讲，则不可勉强。

5. 分享你对家庭的一个愿望，可由一些简单的家庭活动开始，也询问子女有没有什么想法。

对话结束之后，记下你的感受。你享受这样的对话吗？

_____

_____

_____

_____

_____

第九章

订立沟通规则

目标:

发现无效的沟通方式。

技巧:

订立增进感情的沟通规则。

引言

读了前面几章后，相信父母对与子女进行沟通的基本技巧和心法有了更多的理解，对如何与子女沟通也有了一定的帮助。不过不少父母仍会遇上子女无故闭口不言，或是冷不防对你说"不要说啦"的情况，那么到底为什么会这样呢？

每个人惯常的说话方式是从平日与人相处的过程中学来的，这些方式大多并非出于自觉。"言者无心，听者有意"，如产生了不必要的误会而对方不想再说下去，子女便会直接以"不要说啦"结束对话。

这一章，我们尝试列出在不同场景中观察到的父母与子女之间的说话方式，这些说话方式往往成为沟通的障碍。我们尝试针对这些说话方式为家庭沟通订立一些规则，希望家长善于运用。

第一则：每人应有均等说话的机会

情境：重复的话

> 子女一向成绩平平，父母发现他们没有多花时间去学习，课外活动反而越来越丰富，令人好不担心。今天，子女表示自己周末还要去做义工。

父母："你想去做义工助人是好事（同理心），但要先学习，否则将来怎么办？"

子女："……"

父母：（为何不说话？究竟明白了吗？）"自己都自顾不暇，还怎么去帮助他人，好好读书，将来要帮谁都可以。"

子女：（千万别反驳，否则没完没了）"……"

父母：（还不说话，怎么办？）"不是禁止你，只是你想帮人先要帮自己……"

子女：（到底他们何时说完？）"……"

父母说话为何会不断重复？因为他们的心里充斥着不安，担心子女没有接收到重要信息，会影响他们的人生和前途，重复说话的背后隐藏的是父母对子女的爱护之情。可是从子女的角度来看，他们听到的尽是父母反对的话，他们所感受到的更多是逼迫和不信任，自己也就不欲回应。如此循环往复，父母不自觉地重复说话，令子女不胜其烦。

194

拆解

首先，可以使用"我的信息"。

> 父母："你想去做义工帮助他人是好的，不过我担心太多活动会让你学习分心。我希望你优先完成自己的学习任务，然后再分配做义工的时间。你看怎样？"
> 然后心里安慰自己："我虽然担心，但不能重复说话，要让子女有均等说话的机会。"

如果子女仍保持沉默，父母可以说下面的话。

> 父母："我想听听你的想法，对我的话同意与否都不要紧，我们可以谈谈。"

减少重复和追问。

第二则：多求证，多询问

情境：猜测子女心意

> 子女测验后失去信心，父母很想安慰他。
>
> 子女："这次测验真的很难——"
>
> 父母："我知道（同理心），但不用担心，尽力就行。大人也会有很多感到困难的时候……（自述很久）只要自己尽力就行。你认为有何难？"
>
> 子女："……我觉得自己总不会做——"
>
> 父母："只要你有复习，就不会不懂。我有一次……（又自述了很久）就解决啦！"
>
> 子女：（唉！几时可以讲完啦！）"……"

拆解

到底子女为什么会觉得这次测验很难？为什么总是认为自己不懂？父母在了解子女情况时要多多询问，避免盲目猜测。

> 子女："这次测验真的很难。"
>
> 父母："看来不容易（同理心）。你觉得难在哪里？（询问）"（然后心里劝导自己）
>
> "我虽然知道如何做，还是放手让孩子自行解决吧！"
>
> 子女："唉！我觉得自己总是不会答题。"
>
> 父母："你似乎对自己不太有信心（同理心）！你认为自己不懂答题的意思是——（询问）"
>
> 子女："我上次复习了，成绩还不如没复习那次考得好，我觉得自己总会栽在这科上面！"
>
> 父母："原来如此。你的意思是，那两次测验都一样难吗？（询问）"
>
> 子女："上次难多了。有一道题出得好灵活，只有三个同学答对了，我是其中一个。"
>
> 父母："哇，好厉害呀！你是怎么做到的？"

多问问题，引导子女发现自己的能力，比直接给他们答案更好。

情境：不揣测子女的动机

青少年子女常会对父母许下一些改正错误的承诺，可是行动依旧，令父母感到无可奈何。对于这些屡劝不改的情况，子女很少解释清楚，父母只好自行想象。

· 揣测动机：

你不肯尝试，就是不思进取！

平时没见你迟到，一到我要求准时你就迟到，你根本就是故意的！

一做作业就喊肚子痛，你根本就是不想做，找借口！

· 以偏概全：

每个人都能做到，为什么独有你老是做不到？

正常人身体不舒服就会找医生，你总要等到忍无可忍时才说出来，你是不正常吗？

父母这样说，很多时候不是为了责骂子女，而是担心子女行差踏错，好心提醒，但没有留意到这可能只是自己的假设。这些假设会让子女感到自己被父母"看扁"，从而心生怒气，拒绝沟通。

拆解

应对上述情境，可以先从"我的信息"开始。

> 父母："阿仔，我见你最近一做作业就肚子痛，要不断上厕所，而且愈做愈无心情，我好担心你的健康。你是遇到什么困难了吗？"
>
> 子女："我都不知道，一开始做作业就肚子痛。"
>
> 父母："你都不明白为何这样（同理心）。那么你做作业时觉得怎样呢？（求证）"
>
> 子女："越来越难，怎么都做不完！有时做到脑袋发晕，出来看一下电视，你们就骂我偷懒！"
>
> 父母：（明明看了好几分钟的电视……记得，要忍住）"这样说来，做累了就好好休息一下。（继续用同理心）"

> 子女："是啦！又终日催我学习，我根本不懂，复习又有什么意思？"
>
> 父母：（不懂就放弃吗？算了，不要在这时候跟他争论）"不懂还要复习，的确
>   很辛苦！"（同理心）
>
> 子女："是啦！你们只会数落我，都不懂帮我！"
>
> 父母：（现在不是帮你吗？算了，算了……）"你希望我们多多帮你，是吗？"
>   （同理心）
>
> 子女："帮不到了！你们只会夸表哥嘛，我不可能赶上他的！"
>
> 父母：（你以为我不知道你这是在嘲讽我？暂时先放过你！）"看来你似乎失去
>   了信心，想放弃了！"（同理心）

谈到这里，父母可以大概猜到，子女频繁去厕所可能是学习压力导致的身心症状，即心理压力通过身体不适表现出来，如胃痛、腹泻等，这些症状在青少年中十分普遍。根据近年多方调查显示，中学生的焦虑程度一般为中高水平。

对于父母来说，看到子女根本没有看书做作业，不是摊在沙发上看电视就是打游戏，到半夜三更才打开书本，这种情况下，他们很难理解这是子女有学习压力的表现。事实上，当感受到超负荷的学习压力时，表现之一便是逃避，逃避只会使子女更难完成学习任务，从而带来更大的压力和内疚。所以，父母帮助子女处理压力是很重要的，了解子女的真正困难后，可提出具体建议。

具体的赞赏：表哥是表哥，你是你，在爸妈眼中，你的情商和社交能力都很突出，这是你独一无二的长处。（确立自我，不作比较）

"我的信息"：之前我担心你遇到困难时会不肯面对，才会不断地督促你，不想袖手旁观。

提出具体建议：我建议把作业分成三个部分，完成一部分大约要一小时，然后休息一下，再做下一个部分，你觉得怎么样？

多求证、多询问，
父母便能准确掌握子女的需要。

第三则：表里一致的沟通

情境：要求子女猜自己的想法

父母："你有什么要跟我说的吗？"

子女："没有！"

父母："没有？你想清楚？"

子女："什么呀？你到底想说什么呀？"

父母："你真的不知道？"

子女："什么呀？你到底想怎么样？"

父母："刚才亲戚探访，你一直躲在房间里，没出来招呼人，你不认为自己有问题吗？"

子女："别说啦！是你有问题！"

不少父母期待子女主动发现问题，自行改善。像以上例子，父母期望子女待人有礼貌无可厚非。可是青少年正值渴望自主、抗拒权威的阶段，除非这些亲戚跟他们很亲近，否则怎会"替"父母招呼人呢？所以父母觉得重要的事情，子女未必有同感。

拆解

"表里一致"的沟通，是指"心里所想"跟"表面"（包括"说出的话"和"身体语言"）是一致的。

例如，上述例子可用"我的信息"来表达。

父母："刚才亲戚来了，你一直躲在房间里没有出来。我知道你和他们不怎么亲近，不知道该说些什么，不过他们来访，只是想和我们一家人见面。希望你下次出来坐坐，问候几句再回房间，可以吗？"

勿胡乱开玩笑或使用"弦外之音"

有时看笑话或谐剧，会听到很多"弦外之音"，让人会心一笑。可是这些说话技巧若应用在亲子沟通上，后果可能不堪设想。

· 你真了不起，走那么快，不用理会我们啦，我们算什么呀！
· 小明真乖，不像有些人终日只会顶撞父母！
· 听我劝，你不要那么单纯！你当人家是朋友，人家只是利用你！
· 说笑而已，你这就生气了，好小气！

有时父母对子女的部分行为有看法，想以开玩笑的方式去提醒，以免引起冲突，但没有想到，子女的反应却不似预期。对于子女而言，这些"弦外之音"是一种挖苦和贬抑，他们听到后难免会感到生气。如果父母对子女的行为有意见，可以尽量采用表里一致的沟通方式，把心中所想直接表达出来，这样子女容易明白，也更能达到有效教导的目的。

情境：与子女争辩

子女要求取回红包，但父母认为子女不懂得如何管理金钱。

子女："我的红包你应该还给我，不应该收起来！"

父母："如果给你，你一下子就花掉了，而且会挥霍在无谓的地方！"

子女："什么叫作无谓的地方呀？"

父母："你以为我不知道吗？你想买那些贵得很的名牌球鞋！做人不要那么虚荣！"

子女："钱是我的，如何花由我决定！"

父母："是你的吗？难道不是我先给别人发红包你才收到的吗？"

子女："总之人家给我，就属于我，你还给我！"

父母："你根本没法说服我！总之我不会给你，让你胡乱花费的，你休想！"

子女："闭嘴啦！你是个坏人！"

拆解

不少父母能言善辩，子女不是对手；有些父母又想训练子女的口才和积极争取的心态，以增强子女的竞争力，故常与子女争论。但这种方式只能助长亲子间的争斗之心，使失败一方闷闷不乐，无助于彼此情感的培养。我还是鼓励父母多用"情"与子女沟通。

> 子女："我的红包你应该还给我，不应该收起来！"
> 父母："你想要红包？好的，我们讨论一下，你打算怎样花？"
> 子女："对呀，钱是我的，我可以决定如何花！"
> 父母："是时候让你学习理财了，不过千把块钱，我担心你一不小心会全部花掉。不如我们计划一下，你有什么想买的？"

情境：态度模棱两可

子女从小参加乐团，训练有素，今年却表示不想再参加。父母想到对子女长期的培养要中断了，不免感到有些可惜。

> 子女："我不想再参加乐团啦！练得好辛苦！"
> 母亲："我知道你很辛苦，不过你已近练了好多年了！"
> 子女："这又如何？"
> 母亲："想学不想学，都要看你的想法！有时喜欢未必怕辛苦，暂停也并非不再辛苦。"
> 子女："怎么啦？"
> 母亲："你问爸爸啦？"
> 子女："我问了，他容许我自己决定！"
> 母亲："好吧，等下学期再说啦！"
> 子女："又怎么啦？哄我呀？"（如果下次你问我，我才不理你！）

拆解

有些父母心里已经有了主意，可是又不想做"恶人"得罪子女，或者不想与固执的子女僵持下去，于是便故意说些模棱两可的话，希望不了了之，或认为"船到桥头自然直"，不想引起直接冲突。但这不属于有效沟通，子女虽在当时无可奈何，却会影响双方以后的沟通。因此，不论有多麻烦，彼此意见有多不同，沟通时还是应该做到表里如一，尽量采用协商的方式来解决。

情境：讨好子女

有时，父母的教育会走向另一个极端，就是凡事都问子女要不要、好不好，又不敢向子女询问原因，担心子女会不开心。这样给予子女过度自由，使他们变相成了一家之主，也误以为凡事都可以由他们来决定，不懂得尊重父母。

有一些父母则是对处理不同意见感到困难，害怕直接要求子女会引发争执，故而连日常一些较为简单的事情，也会向子女讨好、利诱，结果导致让子女掌握大局。

> 父母："你想去看婆婆吗？"
> 子女："不想。"
> 父母："为什么不去呀？去啦，好吗？"
> 子女："不去！"
> 父母："去吧！要尊敬老人家！之后我陪你逛街吃大餐，好吗？"
> 子女："你好烦呀！待我考虑一下！不准再问！"

在子女长大成人之前，父母仍是一家之主，有管教的权威。只是这个权威不是硬邦邦的以"我的话你敢不听"的形式出现，而是恩威并施，恩慈和界限并重。父母可为家庭持守重要的传统，也要把为人处事的要求向子女传递清楚，这样可增强子女对家庭的归属感，塑造子女的良好品德。

拆解

父母：“下个星期五是假期，我们一起去看婆婆吧！”（直接提出要求）

子女：“我不去了。”

父母：“为什么呢？不方便吗？”（探索原因）

子女：“是呀，我已约了同学出去玩。”

父母：“噢，那么快就约了！我明白，你假期是想约朋友出去玩，但婆婆行动不便，
她会很想你去探望她（同理心和我的信息）。你先去婆婆那里待一会儿，
然后再去找同学好不好？（建议和商量）”

子女：“不可以！他们骑车，我都不晓得如何去找他们。”

父母：“的确很困难（同理心）。怎么办？我们只有这一天可以一起去。（商
量解决的办法）”

子女：“我星期六自己去看婆婆吧！”

父母：“你自己去？”

子女：“是呀，有问题吗？”

父母：“好乖哦，你对婆婆有心，她一定好开心（赞赏）！这次分头去吧！不过
我想婆婆会想见到我们一起去，下次你约朋友时先和我约好时间，可以吗？
（商量）”

很多父母会觉得子女不讲道理，没什么商量余地。如上述例子，如果子女
与婆婆关系良好，不会故意拒绝。父母可以直接提出你的要求，并了解子女的
想法，再行商量，让子女知道可以与父母有商有量。

情境：把子女的选择与自己的想法挂钩

父母劝过子女很多次，不要对将来抱太多幻想，只有拥有独立的经济能力才可以
谈理想，可是子女总是不明白，而且愈走愈远。父母不禁有些失望，子女是否没
有为自己的将来设想过？

父母："你将来想搞音乐创作？做这个很难找工作！"

子女："这是我的梦想！"

父母："好，你做创作吧，我不反对你了。从今日起，我们家不再外出吃饭，不再去旅行，把钱统统存起来，免得晚景凄凉啦！"

子女："我懒得同你讲！"

拆解

　　父母为子女付出，并非要求子女要有所成就，往往只是期望他们将来能养活自己，过好日子。因此，当子女表现不尽人意，或者有些看上去不切实际的梦想时，都会让父母十分失望，甚至替他们着急。可是，把子女的选择与自己的想法挂钩，子女未必明白父母的苦心，反而容易使他们心生愧疚，以为"走自己的路是对不起父母"，以致他们在成年后仍常常光讲梦想而不敢尝试，在恐惧和追悔中苦苦挣扎。

只有"表里一致的沟通"，
才能使子女明白父母的想法和感受，
收教导之效。

第四则：容许表达负面情绪

一般家庭对于表达正面情绪没什么异议，但对负面情绪则有所顾忌，尤其面临以下的情况。

情境：表达负面情绪

> 女儿："唉！"
>
> 父母："什么事呀？有什么不开心？"
>
> 女儿："没有……"
>
> 父母："你开心我就开心，你不开心我也会不开心。见你这样我整晚都会睡不好，所以你千万别再胡思乱想啦！"
>
> 女儿：（装开心）"得啦！我好开心呀！"

情绪对我们来说比较陌生，很多父母以为只要不想就没事。在父母一代的成长经历中，很少有情绪被安抚的体验，面对不愉快，他们往往以不去想、忘记它的方式去处理。在心理学上，这些方法叫作"防卫机制"。然而，即使如此，负面情绪也不是不存在了，而是被压抑到心底去了。以后再遇到类似的情境，便会投射出来。例如，我们面对子女时，往往容易投射很多过往的负面情绪。父母面对子女时表现出过度的焦虑、过激的反应，自己也说不出个所以然来，往往便是受这些投射的影响。

因此，帮助子女正确处理情绪非常重要。情绪需要被理解，只有这样，人才会有安全感，才能平静下来。

拆解

> 女儿："唉！"
>
> 父母："什么事呀？为什么不开心？"

女儿： "没有……"

父母： "我明白有时你心里有烦恼但不想告诉别人。你如果想找人倾诉，可以随
　　　时来找我。" （同理心）

女儿： "……说也没用啦！你都帮不到我。"

父母： "话虽如此。不过有时自己闷在心里会很难受。" （同理心）

女儿： "……菲奥娜要转校了。"

父母： "你和最好的朋友要分开了，以后不知道要怎么办？" （同理心）

女儿： "嗯，只有她明白我。她走了，以后只有我一个人了。"

父母： "可以想象你会感到很孤单。这段时间，我一定好好陪你。" （同理心和陪伴）

女儿： "我会永远失去她吗？"

父母： "我相信你们会一直都是好朋友，周末你们可以约在一起玩，一起学习。"
　　　（鼓励和建议）

　　失去好朋友，对青少年来说打击很大，父母切勿掉以轻心，留意子女的这
一需要，会使他们感到安心。听到子女说出沮丧的话时，家长一定非常担心，
但切记，要以平静和关心的态度去应对，尽量纾解他们的情绪，子女也会感受
到父母的理解和陪伴。

情境：表达对父母的不满

父亲： "你刚才对妈妈说你不喜欢她，你妈妈好伤心，正在大哭啦！这种话你怎
　　　么说得出口？现在把妈妈气哭了，你开心吗？以后不准这样说话！立即向
　　　妈妈道歉！"

　　当子女说不喜欢父母时，通常是指不喜欢父母的一些行为，而不是不喜欢
父母本人。当子女说这种话时，我们或许会感到激动或委屈，但必须要先了解
发生了什么事，不要一味地认为子女是针对自己。

拆解

> 母亲：（一头雾水）"你刚才说不喜欢我，我看你这个样子气愤得很，可否说说你在气恼什么？"（了解具体问题）
>
> 儿子："你刚才责骂我，又说是说笑！谁要和你说笑呀！"
>
> 母亲：（要那么凶吗？……忍，忍，忍）"你不喜欢妈妈骂完你又不承认，觉得很生气，对吗？。"（同理心）
>
> 儿子："是的！"
>
> 母亲："不好意思……你觉得我哪句话让你受不了？"（了解具体问题）
>
> 儿子："你说我书包乱，又说垃圾桶都比我的书包干净，你那么快就忘了吗？"
>
> 母亲：（说事实就是骂吗？忍……）"你生气是因为我说你的书包乱。"（同理心）
>
> 儿子："是！书包是我的，整理与否与你何干！"
>
> 母亲：（这句话好过分！我知道他并非针对我，先忍后教，忍他这一次……）"这当然应该由你决定。你遗失了作业本，我替你找了很久，所以想建议你把书包整理好，好让你以后找东西方便一些，不是要批评取笑你。"（我的信息）

　　父母应该明白，强烈的情绪表达是青少年的共性，这是激素变化产生的力量。在这个阶段，他们渴求独立自主，很注意保护"我管理的范围"，容易把父母的建议解读为侵入"私人领地"，然后进行反抗。通常情况下，子女的情绪强烈而且很难排遣，但激动过后又会非常懊悔，会想办法补偿。因此，很多时候父母发现子女在发完脾气后会软化，甚至会亲昵依偎在父母的身边，因为他们明白父母的难受，这的确令父母啼笑皆非。当然，父母会担心如果不阻止子女，将来他们会变本加厉，不懂得尊重父母。遇到这种情况时请相信，你们不是独自承受，也并非你们做错了什么，基本上每个青少年的父母都会与你们感同身受。

　　因此，子女如果偶尔出现情绪波动，可能是因为他们难以疏导自身的负面情绪。此时如果父母体谅他们，他们内心一定十分感激，也会渐渐明白父母的本意并非要监管他们，这样会减轻他们的反抗情绪。不过，如果子女经常容易情绪激动，动辄火冒三丈，父母便要留意是否有不寻常的情况，必要时寻求专业人士的意见。

子女有时难免会说出激烈的语言，这时，父母应尽量开解自己："他们只是想要一些自主空间，不是在针对我。"父母也要让子女明白，你尊重他们的自主空间，让他们安心，之后再告诉他们你所关注的问题。父母也要找朋友倾诉，替自己纾解情绪。请父母相信，你们的忍耐不是徒然的，你们愈能接纳子女的负面情绪，子女自我排遣负面情绪的能力便愈强，他们之后出现激烈情绪的情况便会减少，和谐的亲子关系指日可待。

包容、接纳和信任，从来就不容易。子女坦诚向父母表达不满，其实是信任父母的表现。子女能够将藏在心里的话告诉父母，同时又能被父母包容接纳，就意味着亲子间建立了亲密关系。

表 9-1 是对上述 4 种增进父母与子女感情的沟通规则的简单归纳。

接纳负面情绪，坚持信任。

表 9-1　4 种沟通规则

沟通规则	内容	传递信息
第一则：每人应有均等说话的机会	减少重复的话 减少追问	家庭成员有平等表达的机会
第二则：多求证，多询问	减少猜测子女心意的做法 不揣测子女的动机 不以偏概全	家庭成员之间的想法允许存在差异
第三则：表里一致的沟通	切勿要求子女猜自己的想法 勿用开玩笑或弦外之音来说话 减少与子女之间的争辩 态度不要模棱两可 避免讨好子女 勿将子女的选择与自己的想法挂钩	沟通可以是开放和直接的
第四则：容许表达负面情绪	容许子女表达负面情绪 容许子女表达对父母的不满	接纳每个人的真实面貌

给父母的心法

亲子沟通的目的

与子女沟通，有 3 个目的。

· 同理心、探索和澄清可以了解子女的想法和情绪，**帮助子女的心理健康成长**；赞赏、肯定、鼓励和接纳子女的个性特征，**有助于子女确立自我价值**。

· 通过表里一致的沟通，**让子女清楚地明白父母的期望**，并通过商讨达成共识，实现有效管教。

· 通过沟通，建立联结，以爱相系，**享受亲密关系**。

要达到以上目的，父母要创造良好的沟通环境，如创建平等开放的讨论空间，善于接纳异见、表里一致和接纳他人的情感。本章希望通过讨论家庭中的沟通规则，协助父母进行一些恒常的操练，建立家庭的沟通文化，对子女起到潜移默化的作用。

切记，不要要求自己做完美的父母，这会令自己过于紧张，反而容易弄巧成拙。放过自己，安慰自己："不要紧，沟通不是一次性成定局的，以后还会有很多机会。"

父母要明白，言行一致，才能让子女心服口服，耳濡目染，日后他们也会采用相同的方式与你对话。

沟通是为了建立亲密关系。

给父母打打气

沟通的一大困难是，每个人惯常的说话方式大部分都是不自觉的。既然不自知，又如何改善？即使察觉到自己沟通的盲点，立志改善，有时也只会发现是在重蹈覆辙。

我们的沟通方式在很大程度上会受到自身成长经验的影响。年幼时的经历或是一些突发事件对情绪的影响沉淀在非语言的系统里，成为我们潜意识的一部分，日后遇到类似的情况，便会不自觉地起作用。因此，很多时候的担心、对负面情绪的恐惧和不一致的表达可能来自父母个人的成长经历，而非单纯由子女的行为引发的。如果想了解个人成长对沟通方式的影响，可参考第十章。

本章金句

沟通会受到不自觉的情绪影响。

练习

练习一：回想过去一周与子女的对话

·如果以 10 分为标准，你与子女说话的比例是多少？（例如 3：7）

_____

_____

·你是否容易重复自己说过的话？你觉得原因是什么？试着感受一下自己的情绪。

_____

_____

·你是否会追问子女？你觉得原因为何？试着感受一下自己的情绪。

_____

_____

·与配偶或朋友分享自己的发现，倾诉你的感受。如果希望改善现有情况，可以告诉这个朋友你的目标和试行时段，并请他定期敦促你、鼓励你。

_____

_____

练习二：记录一次与子女的对话

如果当时子女不愿继续对话，试着回想一下大家说了些什么？

父母：＿＿＿＿＿＿＿＿＿＿＿＿＿＿＿＿＿＿＿＿＿＿＿

子女：＿＿＿＿＿＿＿＿＿＿＿＿＿＿＿＿＿＿＿＿＿＿＿

父母：＿＿＿＿＿＿＿＿＿＿＿＿＿＿＿＿＿＿＿＿＿＿＿

子女：＿＿＿＿＿＿＿＿＿＿＿＿＿＿＿＿＿＿＿＿＿＿＿

父母：＿＿＿＿＿＿＿＿＿＿＿＿＿＿＿＿＿＿＿＿＿＿＿

子女：＿＿＿＿＿＿＿＿＿＿＿＿＿＿＿＿＿＿＿＿＿＿＿

父母：＿＿＿＿＿＿＿＿＿＿＿＿＿＿＿＿＿＿＿＿＿＿＿

子女：＿＿＿＿＿＿＿＿＿＿＿＿＿＿＿＿＿＿＿＿＿＿＿

父母：＿＿＿＿＿＿＿＿＿＿＿＿＿＿＿＿＿＿＿＿＿＿＿

子女：＿＿＿＿＿＿＿＿＿＿＿＿＿＿＿＿＿＿＿＿＿＿＿

（对话中止）

检视对话中有出现本章所提及的沟通问题吗？沟通规则可否给你一些提醒？试试运用本章的技巧改善说话方式。无论结果如何，记得给自己点个赞，欣赏自己为子女的付出。如果茫然无绪，可以找信任的朋友分享讨论。旁观者清，他们可以从不同的角度进行思考。

第十章

父母也成长

目标：

父母了解为何不能实践沟通技巧。

技巧：

父母反思成长经验和面对的压力，
善待自己，再一次成长。

引言

读到这里，相信父母都会有疑问：

"你讲的我全都知道，就是做不到！"
"我知道生气的时候要离开，但就是想继续骂他！"
"我骂完她之后，心里好内疚，但当时真的忍不住！"

几乎所有青少年家长在参加讲座之后都会表达相同的困惑。如果你已经很努力去实践书上所说的，却难免还会遇到以上情况，一定深受打击。

很多父母读了有关亲子教育的书、听了有关改善亲子关系的讲座后，常常以为自己要"不生气""不担心"才会有同理心、才会懂得赞赏等，这真是一大误会。我们都不是圣人，怎么可能没有情绪？难以接纳自己的情绪，却要用同理心去接纳子女的情绪，这是不合理的。

那么，为什么有时父母学了很多沟通方法却难以实践呢？这与父母的情绪状态、背后的信念和期望有关。

这些情绪状态有时自己是难以察觉的。例如，有时父母会说："我不是生气，只是同你讲道理！"旁人已经嗅到了浓浓的火药味，但父母仍然没察觉到自己已经愤怒得把声调提高，双目圆睁，面部肌肉紧绷；有些时候，即使父母已经察觉到了自己的情绪，也不能分辨这些情绪从何而来，以致无法控制。

父母对子女普遍有几种"长驻"情绪：愤怒、委屈、担心和内疚等。很多时候，这些情绪是在与子女的互动中产生的。如果家长发现自己情绪反应太大，又难以控制，可能是受到更深远因素的影响。本章会讨论 3 个重要因素。

· 父母在原生家庭中的成长经验
· 环境压力
· 社会性焦虑

父母在原生家庭中的成长经验

原生家庭是指我们从小长大的家庭，父母童年的成长经验，对日后与子女的相处有着莫大的影响。

丽彤的童年是在父母的打骂中度过的，她很不快乐，于是下决心自己长大以后要当个好母亲，不再重蹈父母的覆辙。有了儿子子晴后，她积极参加大大小小的亲子讲座。

她会常常赞赏儿子，在他不开心时会运用同理心，又用心教导他，付出了不少心血。可是儿子却常与她发生矛盾，叫他向东他偏向西，行为反复无常，一会儿与丽彤顶嘴，一会儿又要黏着丽彤，让她摸不着头脑。一天，两人发生争执，儿子向她咆哮："你不是一个好妈妈！你没有资格教我！"这时，丽彤惊觉自己一直苦心经营的"好母亲形象"以失败告终，儿子的话仿佛晴天霹雳，让她情绪崩溃。

丽彤来到辅导室接受辅导，在辅导员的陪伴下丽彤走过了一段疗伤之路，她的情绪渐渐平复了下来，开始与子晴面谈交流。不料，子晴所讲述的却是另一个故事。

子晴说，有时他不开心，妈妈的确会听他倾诉，但他觉得妈妈很虚假，不可信。细问之下才知道，原来丽彤对于日常生活细节非常挑剔，严格得让人恐惧。每次她觉得子晴遗漏了什么，便会很生气地斥责他。此外，丽彤的确常在人前称赞子晴，人后却不断指责他。妈妈的这些表现，让儿子觉得她是一个"双面人"，不知道哪句话是真，哪句话是假。面对母亲时，他非常没有安全感。但最令子晴伤心的是，他很努力地去达到母亲的期望，希望得到母亲的赞赏，可是母亲总是看不到，永远在不停地纠正他的行为。于是，子晴常与母亲争论，母子关系渐趋恶化。丽彤不想重复上一辈打骂子女的做法，但一腔怒气又无处宣泄，于是常常不自觉地指桑骂槐。子晴非常痛恨这些行为，但丽彤认为自己只是开玩笑，是子晴心眼小。久而久之，子晴的满腔怨恨终于爆发。

丽彤的故事令人唏嘘，她多么努力地想要做个好母亲，可是在与儿子相处的过程中却存在很多盲点。例如，她没有察觉自己对子晴的挑剔和愤怒的情绪，也就难以理解自己的教养方式出了什么问题，从讲座中学来的技巧徒具形式，不能对亲子沟通发挥真正的作用。辅导员与丽彤探讨她在原生家庭中的成长经历，不难发现，她的教养方式很大程度上受自身成长经验的影响。

向子女投射童年成长经验

一个人若有不良的童年成长经验，可能会不自觉地形成一些信念，然后采取某些方式避免这些不良经验的再次发生。

例如，为什么子晴的生活细节令丽彤这么生气？原来丽彤的父母都是很急躁的人，经常不问缘由便责打她，这样的成长经验带给她的是焦虑和苦楚。因此，丽彤不知不觉怀着一种信念：如果生活细节做得不好，必定会受到责罚。当丽彤看到儿子的"不理想行为"时，便向他投射了自己童年没有得到妥善照顾的遗憾和伤悲。丽彤质疑自己："我是否不懂教育呢？是否我对他不够好呢？我是否做得不足，未能好好帮助他呢？"这么一想心中更加充满了自责和歉疚，她担心子晴将来会吃尽苦头，这驱使她每次见到子晴表现不够理想时，便会气急败坏地指正他。

丽彤对儿子采取了指责的教育方式，希望能避免自己童年的伤痛经验重演，结果事与愿违。事实上，任何教育方式都必须因时制宜，才能适应当时的环境、人物和事件，若只是习以为常地运用原有经验，便容易弄巧成拙。

除了"指责"，还有其他的沟通方式，可参考第八章和第九章。

重复童年熟悉的教育方式

童年经历的教育方法往往是我们最为熟悉的成长经验，**往往驱使人走向两极，要么重复相同的教育方式，要么选择相反的教育方式**。例如，有不少虐待子女的父母，在成长期都经历过虐打；但另一方面，也有很多父母从不责打子女，而往往采取溺爱放任的方式。

丽彤把自己童年的恐惧和儿子的"善后问题"混而为一，她一直批评子晴，生子晴的气，却没有留意自己在无意中学习了父母"鸡蛋里挑骨头"的态度——这是她最熟悉的教育方式。丽彤在成长过程中没有得到过父母由衷的赞赏和温柔的提醒，也没有犯错被包容的经历；未曾被爱倾注过的生命是干涸的，这种情况下使用的技巧往往也只是有形无神。

如何改变受个人成长影响的沟通方式？

读到这里我们明白，个人的成长经历对自己的教育方式影响深远。幸运的是，可能很多父母会有些担心，我们可以通过以下方式修正自己的教育方式。

1. 反思成长经验

父母可以通过反思自己的童年经历，从而察觉这些经验对自己的影响。

坊间也有不少家长教育的课程，协助家长反思原生家庭对个人成长或教育方式的影响。学习过程中可以结识其他家长，彼此慰藉、结伴同行，也是乐事。

回忆自己的成长经历，很容易触及过往的伤痛，这一点对很多人来说都是不容易的。然而，**触碰人生的伤心处也是被疗愈的必经之路，在那里经历被关注、被谅解、被安慰，发现自己的价值，是人生最满足的时候**。

2. 再一次成长

每个人在成长过程中，都在经历爱、被关注、被善待的滋养，最终才能得以成为一个心理健康的人。若自身的成长营养不良，试问如何可以供给子女？因此，父母应多照顾和体贴自己，补充自身存在的不足。

善待自己：以同理心看待自己。父母普遍认为子女的过失是自己导致的，可能是自己的教育方式出了问题，也可能是一时疏忽，往往容易陷入自责。故此，父母应以同理心对待自己，有做得不好的地方，可以安慰自己说："不要紧，我也是人，有时难免留意不到。我已经在努力了。"**能对自己宽容一点，自然也会善待子女多一点。**

多欣赏自己：正如每个孩子都是独一无二的，每位父母也是一样的。想想自己有什么特质和专长？有些妈妈很喜欢手作，但认为这没有什么大不了的，不能欣赏自己。然而，手作充满创作的乐趣，也是子女感到最容易亲近父母的方式。只有先欣赏自己，才能欣赏子女。

父母也可以欣赏自己每一天的进步。有时可以去学一些新事物，有时是做一些令全家人更快乐的事情，有时是十次冲突里有两次控制住自己的情绪……夜深人静时，**我们都可以回想一下这些付出、用心和进步，给自己更多的肯定。**

留空间给自己：**做自己喜欢的事，**将注意力从子女身上移开，如约会朋友、做运动、做义务劳动等。很多父母发现，当自己拥有这些专属空间时，会对子女宽容很多。

3. 正面经验的回忆
**回忆一下在成长过程中有没有长辈曾给予自己关怀、呵护和包容，努力记

录那份感觉。你是如何接收这些感觉的呢？他们对你说了些什么呢？细细回味被爱的感觉，才懂得如何爱别人。

有时你可能会觉得难以开解自己，难以善待和欣赏自己，这时，可以找自己信任的朋友，向他们倾诉与子女相处的困难，**从朋友的支持中，你可以体会到关怀、呵护和包容**。你可以告诉朋友，也许你要重复很多次，也需要他们的反复安慰。安慰的话就像源源不断的养分，滋养着心灵的成长，最终定能开花结果。

如果父母仍对与子女沟通感到困难，或是难以控制自己的某些沟通行为，可以尝试寻求心理辅导。辅导员会帮助父母检视和分辨哪些是自己成长经验的投射，哪些是子女的实际情况，并协助父母建立新的沟通方式。

父母经历的教育方式会影响对子女的教育，
请回想你曾经历过怎样的教育方式。

环境压力

很多父母在教育子女的事情上会受到配偶的问责、亲戚的干涉、朋友间的比较等，这往往令他们倍感压力。

1. 家庭内部的压力

可能受传统"男主外、女主内"思想的影响，当子女表现不理想时，爸爸会对妈妈兴师问罪，令妈妈精神紧张，于是只好急躁地要求子女立即听话，结果"拉牛上树，不得要领"。很多妈妈因此对爸爸生气，可是大吵大闹多次，仍得不到爸爸的支持，不少妈妈感到孤单、无助。

对此，妈妈可尝试如此理解：很多爸爸自身对子女的行为问题同样束手无策，与子女相处并没有信心，因此会转为向妈妈下命令、提建议，然后袖手旁观。细心一想，实际上，很多爸爸都是爱妈妈、爱家庭和尽责的人，只是传统社会对男性的要求是要"有能力""担起责任"，难以接受他们有"不懂"的时候。男性的自尊心让爸爸难以接受自己的软弱，才会把问题推给妈妈。

所以妈妈遇到爸爸说"你是怎么教育子女的"时候，可以这样安慰自己："丈夫只是不知所措，并不是真的那么蛮横，我可以镇定些，不必急于讨好他。"然后气定神闲地回应："教子是我们夫妇俩的事！我们一起来商量该如何处理吧！"**最重要的是，妈妈只要坚定地认为教育子女是父母两人共同的事，便不会自乱阵脚**。

当然，以上所提父母的角色可以对调。此外，如果父母发现自己对配偶已经一肚子怨气，做不到平心静气的回应，甚至一对话不是激烈争吵，便是连场冷战，又或长时间存在意见分歧，无法协调，便应考虑寻求专业协助，改善夫妻之间的沟通方式，以免导致对孩子的管教无效，甚至影响婚姻关系。

2. 家庭外部的压力

此外，不少家庭的长辈和亲戚也会对父母的教育说三道四，或是拿不同亲戚的子女做比较，这也是父母的一大压力来源。不少父母在饭局上受尽委屈，回到家里便训斥子女一顿，哪有空想什么同理心。

的确，有时子女在这些场合的表现会很不成熟，一旦被评头论足，父母又会回到"是我教育得不好"的困扰中去。父母只是为子女的成长提供其所需的养分，并给予适当的保护。**子女不是父母教育的成绩单，他们是独立的个体，有独特的个性，有自己发展的节奏，这些都不应该受到父母的控制。**

当我们能尊重子女的个性和成长速度时，也就更能抵挡"比较"给子女带来的伤害。

请父母为子女遮风挡雨。

社会性焦虑

父母关心子女将来是否能幸福快乐是天职使然，也是爱的表现。因此，他们总会想尽办法，宁愿自己省吃俭用，也要给子女最好的。

什么是"给子女最好的"呢？从与父母的日常交谈中我们可以发现，他们关注的是衣食无缺、身体健康、学习资源和发展活动。有趣的是，在当今社会，食物不只是供给身体成长和健康，例如奶粉广告会强调"给予脑部所需的营养"，为的是让小孩有充足的脑力去学习。而学习资源也不是纯粹学习，更要考虑"证书"的作用。教育和学习的重要性，常常是家长的日常话题。

现代父母认为，"给子女最好的"往往指向自食其力，生活美好。很多父母并非期望子女飞黄腾达，甚至不期望他们有能力供养父母，而是只要养得起自己就好。

这些想法非常普遍，反映出家长对未来的忧虑，他们常常难以看透将来，感到生活难有保障。也就无怪乎在亲子沟通时，父母不禁道出自己的忧虑："你以后靠什么谋生？"

不知大家有没有发觉，在本书列举的日常生活真实情况中，无论与子女沟通的具体内容是什么，父母心里的终极焦虑似乎大同小异，就是担心子女将来的生计。请看看下图。

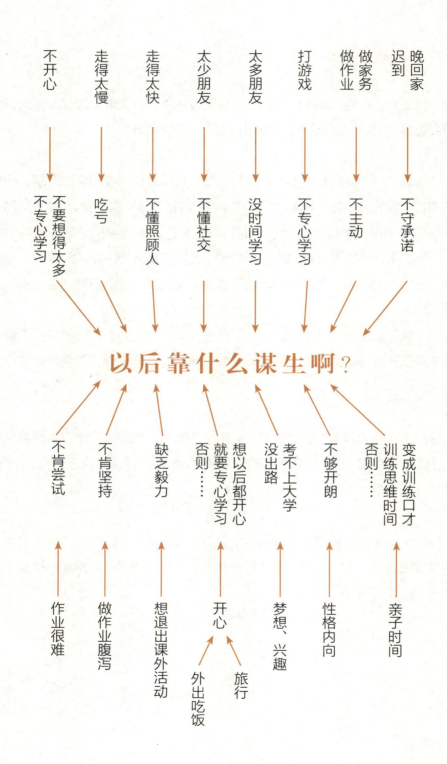

晚回家 → 不守承诺

做作业 → 不主动

做家务 → 不专心学习

打游戏 → 没时间学习

太多朋友 → 不懂社交

太少朋友 → 不懂照顾人

走得太快 → 吃亏

走得太慢 → 不要想得太多

不开心 → 不专心学习

以后靠什么谋生啊？

不肯尝试 ← 作业很难

不肯坚持 ← 做作业腹泻

缺乏毅力 ← 想退出课外活动

否则…… 就要专心学习 想以后都开心 ← 开心 ← 外出吃饭 / 旅行

没出路 考不上大学 ← 梦想、兴趣

不够开朗 ← 性格内向

否则…… 训练思维时间 变成训练口才 ← 亲子时间

过度关注会引发焦虑，令父母对子女的行为反应过度，从而导致带来亲子间的冲突。很多时候父母与青少年子女关系紧张，主要是父母在平衡教育压力、对子女将来的期望和心理成长方面出了问题。

一位妈妈的心声："我明白子女的路是他们自己选的，必须尊重子女的特性、成长步伐和梦想，可是实际生活又是另一回事。我认同从错误中学习，放手让女儿自行安排学习，可是每到家长日，听到老师说女儿'有进步空间，你要督促一下……'总会有些动摇，想想是否要严加看管，怕她会跟不上。唉，虽然说路是子女自己走的，但哪个父母能接受子女上不了大学？在这种竞争风气之下，我们没有其他的选择。"

一位爸爸的心声："多年来我也坚持让儿子多元发展。儿子痴迷于魔术，但面对激烈的大学入学竞争，我也会忍不住劝他选择一些有助于被录取的活动。魔术，考上了大学再玩也不迟。儿子对这个建议不太高兴，说我一会儿一个说法，其实我也不想。但竞争很可怕，现在中学的功课量、补习量大得惊人，儿子连睡眠时间都不够，何况是休闲时间。要他不玩魔术，是希望他能更好地运用时间，但对他来说就是连仅有的娱乐也要放弃。我明白这种情况根本不合情理，在教育上也自相矛盾，可是我们做家长的没有选择。"

一个孩子的心声："我的小学和中学学习都有一定的困难，一直无法跟上进度，只能靠死记硬背，默写测验常常不及格。可是老师也帮不到我，只是认为，肯努力总不会不及格，要我留下来重新默写，直至及格。妈妈曾向班主任反映，可是学校没有听取她的意见。妈妈认为既然这是学校教育的要求，那也没办法，就当是磨炼我的意志。结果我一直未能及格，无计可施，唯有长期作弊。我感到压力很大，很愤怒，为何要这样逼我？"

精神健康与学业期望

近年针对青少年的精神健康调查发现，学业的压力导致青少年的焦虑指数一直偏高，他们寻求精神科治疗的概率也持续上升。这表明他们对"未来"的焦虑已经失衡，很多父母面对社会的大气候也会感到很大的压力。

写这本书的一年之内，就有二十多名大、中、小学生选择了轻生。轻生的原因很复杂，有家庭背景、身心病患、学业压力、个人性情、模仿效应等，不能一概而论。然而，当这些悲剧在短时间内大量发生时，便要思考这是一种怎样的社会现象。事实上，多年来的调查数据表明，社会性焦虑持续攀升，学业给家长和学生带来的压力越来越沉重。

选择轻生的人往往认为自己走投无路。

没有出路是什么意思？可以解读为"不能选择，不达期望"。学业表现一旦达不到期望（不论是自定义或是别人的期望），便意味着自己是一个失败者，令人失望。在他们的认知里，只有学业成绩提升才是解决问题的方法，他们不能选择"放下"，不容许有得有失的人生。其实有些时候如果不能选择，退路也是出路。另外，子女知道父母为他们付出了很多的心血和金钱，他们在达不到期望时会对父母怀有极大的负疚感。也有不少子女被要求完美，或被教导在人前要有好表现，"不够好""不够能干"是不能被接受的，这也令他们觉得自己没有退路。

1. 接纳有得亦有失

很多父母担心子女未尽全力或缺乏毅力，于是常常说："你不可以放弃，以你的能力一定可以做到。"父母无法接受每个人的学习兴趣和能力是有差异的，无法接纳自己的子女不如他人。**如果父母能表达"有时会失手，不用气馁。如果你想，我们可以商量怎样改善"，子女便可以接纳自己的失败，也会相信自己有能力改善**。有些青少年对自己要求较高，自控能力较强，父母以为不用操心，结果忽视了他们的压力。事实上，他们更需要父母引导，让学习进退有度。

2. 目标不止一个

今天，不少学生因为考了98分名列第二而痛哭。我体会作为父母看见子女拿到100分时的那种满足感，也能感受那种差一点便是第一名的遗憾。然而我们不妨停下来想一想，这样会向子女传递"你们的表现必须是完美无瑕"的信息。98分和100分的差别对人生来说没有实际的意义，但是对于子女来说，无论是哪一种，均是他们付出了很多努力才有的成果，只有得到肯定，他们的学习才有满足感和成就感。而对成绩稍逊的子女，更应订立合乎他们能力的目标，才能增强他们对自身学习的成功感。值得一提的是，子女参加中考、高考时，父母是否向他们传递了"考不上重点名校，人生便玩儿完"的信息？**人生的路不止一条，父母可多读一些不同生命的故事，发掘在不同学校学习、拥有不同人生经历的好处。**

3. 解决方法不止一种

今天的教育制度给父母提出了一个难题，便是在解决方案上没有"弹性"。例如，学校布置的作业过多，父母若勉强子女完成，往往会牺牲亲子关系和子女的身心健康；但若不完成，便是公然触犯校规。不少父母担心，若今天容许子女不完成作业，明日子女在工作时稍有不满便会公然挑战上司，那还得了？的确，品德教育是子女成长过程中的重要学习内容。人生充满道德和现实的挣扎，我们在解决时往往要因时制宜，第二章便说明了这个道理。**父母若能在处事上保持这种弹性，便可培养子女形成多角度解决问题的良好品质。**

家长，是否曾察觉，你的焦虑来自社会压力？

家长怎么办？

很多父母都希望减少社会压力对子女的影响，只是面对社会时发现自己能做的很少，很多时候都身不由己。对此，可以参考以下建议，尝试为子女寻找一些可行的方法。

寻找同路人

1. 互相借力

多年前，一位朋友打电话给我，说儿子考上了两所学校，一所是首屈一指的名校，对学生的学业要求严格；另一所是地区的好学校，教学方式较为轻松，可是名气不及前者。她征询我的意见，应该为儿子选择哪所学校。

我对她说："我不会选择前者，因为与自己的教育理念不符。可是做这个选择要付出不少代价，也要面对很多困难。因此，我不能给你建议，因为我不能代替你面对这些困难。你还是多听几个人的意见吧！"

她的回应实在令我意外。她说："我不要听其他人的意见，我只想听你怎样说。"

我很感激这位朋友的信任，也佩服她的勇气。我相信在今天，父母在面对这些两难的问题时都需要"借力"，寻找同路人的支持。**父母不要单打独斗，只有通过互相分担、互相出谋献策才能顶住重重压力。**

2. 互相分担

我们从很多辅导个案中观察到，有时父母身边没有什么朋友，在遇到困难时往往孤立无援。在子女幼年时，父母都把注意力放在了子女身上，而忽略了自己的社交生活，只与子女同学的家长建立友谊，谈的多是子女的事情；子女升入中学后，家长们没有了共同的关注点，慢慢也就失去了联系的动力。**因此，**

父母不能只关注子女，而忽略了自己的生活。尤其是今天小区的互助力量还很薄弱时，父母的社交群体便是十分重要的支持网络。

青少年父母人到中年，开始注重养生，进行户外活动、健身运动。都市生活压力沉重，通过上述活动维系友谊，应能帮助大家分担生活的重担。

3. 共同学习

除了休闲，也应考虑一些带来新思维的活动。电影会、读书会等都是能带来新思维的活动，这些活动既有乐趣，又能拓宽视野，有利于帮助我们跳出框框，从不同的角度反思生活的可能性。

面对激烈竞争所引发的焦虑，近年来有家长群体自发组织共同学习，以反思学业竞争对社会发展的影响，引入了不少新思维。例如，他们以其他国家的教育模式为借鉴，也有不少人在探讨关于生命价值的课题。

主流中的另类尝试

1. 容许子女有另类尝试

很多父母也明白，如果一窝蜂地选择热门出路，往往僧多粥少，到最后谁都没有优势，子女的选择出路也都差不多。**因此，在主流学习外，还可以鼓励子女发展另类兴趣。**一来这些自主的兴趣是子女学习动力的来源，也可能成为他们将来生活的乐趣；二来另类选择虽然放在现在看来是另类，但说不定在将来会大有作为。

记得我在毕业后旅行了两个月，旅途中认识了一位英国中年男士，我问他是不是国家已经保障了他的退休生活，他说没有，他需要为晚年积蓄，等旅游两年后便回去工作。听了他的话，我真是大开眼界！在我们那个年代看似不可思议的事现在已经有人开始实践，此外甚至还有工作假期相关的政策鼓励青年人停工一年去旅行增长见识。

2. 父母的慢活人生

生活节奏急促，鞭策着父母和子女急步追赶，但沟通却需要耐性、细心和时间。 有一篇文章讲述了台湾一群中年人组织到台南"蜗行"，让旅行像蜗牛一样慢慢走，一路欣赏美丽的大自然景色的故事。这是一项慈善活动，人们每走一段路，就会捐出一定数额的金钱给慈善团体，令自己每走一步路，都能有回馈社会的快乐。这种"蜗行"能让人放缓节奏，细品生活的味道，在人际相处过程中起到潜移默化的作用。

关怀和分享

正如本书一直强调的，能使人生快乐满足的重要来源是关系。稳固的关系网络能给予人强大的心灵支持，通过关怀和分享，我们能感受到与他人的联结，能感受到人间有情。关怀是付出而不求回报，能为社会人伦关系带来平衡。**因此，让子女体会能通过关怀和分享而得到满足和快乐，是重要的人生经验。**

以下是一些可行的关怀行动：

· 与子女一同参加义工服务，关怀社会上有需要的人，或者参与小区内的互助、分享行动。

· 以身作则，每周抽出 15 分钟至 30 分钟，给亲朋好友打电话或网上视频。万事开头难，实行起来后你会发现原来比自己想象中的容易。例如，乘车时不打游戏而打电话或上网，半小时已联络数人！谈什么内容不要紧，重要的是以联络来表达关怀。然后把亲友的近况告诉子女，子女未必会马上给予回应，但会感受到父母的温情。

· 一家人每一两周光顾一次社会企业。社会企业可以帮助竞争力较低的人赚取收入，本身就是一个关怀项目。

在此，我想提醒父母，在鼓励子女关怀他人的时候，不要用教训的口吻：
"你看他这么穷，你要好好读书，日后不要变成这样呀！"一来这样容易把
活动变成教训，子女会感到厌烦；二来最好是让子女通过关怀他人认识社会
和人生的复杂性，从中了解世事不是非黑即白，从而学会体谅别人，体悟生
命的价值。

面对社会性焦虑，家长切勿单打独斗。

家长一起成长

现今的青少年父母普遍成长于物质和情感都较为缺乏的年代，然而在个人的发展上享有较大的自主权；现今的青少年则成长在父母（甚至家族）的高度关注下，生活供应充足，却缺乏自主空间，因此近年香港出现了"港孩"一词。这种钟摆现象，一方面也许是父母成长匮乏的补偿，另一方面，社会风气也加剧了焦虑感，让亲子压力倍增。

从正面来看，青少年给父母出的难题，是促使父母再次成长的动力。很多父母认为只有自己才会遇上教育子女的难题，然而如果你有机会倾听其他家长的心声必会发现，家家有本难念的经。一方面，每个人都有一定的盲点，我们可以通过他人的回馈进行自我省察；另一方面，被聆听、被谅解和被爱的经验也是难以自给自足的。因此，可以与信任的人聚在一起，分担、互勉，在群体生活中互相施予，共同成长。

有一本名为《爱蜜莉》的绘本（很多儿童绘本也适合成人看），讲述一个家庭搬到新小区居住，邻居是两位中年姐妹，姐姐爱蜜莉已足不出户二十多年。一天，爱蜜莉邀请新邻居妈妈到她家里为她弹奏乐曲，妈妈带了女儿一起去。小女孩送给爱蜜莉一些百合球茎，这位 19 世纪美国著名女诗人爱蜜莉·狄金生则为她写了一首诗：

一个人在地上找不到天堂

到天上去找也是白忙

因为天使就住在我们的隔壁

不论我们走到何方

一家人在一起，原是为了享受爱。

练习

反思原生家庭的沟通方式

你会分别用以下哪个形容词形容你的父母?

第一组

- 明白我的心声。
- 常表达对我的支持。
- 常表达爱我。
- 会拥抱和亲吻我。
- 耐心听我说话。
- 接纳我的负面情绪,包括情绪低落或愤怒。

以上题目可以帮助你反思父母对你的情绪是否有足够的支持。

第二组

- 清楚表达他们对我的要求和原因。
- 对我的要求是我的年龄能做到的。
- 会耐心给我讲道理。
- 当我未能达到他们的要求时,他们会听我的解释。
- 容许我表达自己的意见,有商有量。

以上可以帮助你反思父母如何表达对你的期望,以及如何处理跟你不同的意见。

第三组

· 常称赞我的特质和专长。

· 肯定我的付出。

· 在我失意时鼓励我。

· 体谅我的困难。

· 不会把我跟别人比较。

· 接纳我跟他们的不同。

以上是反思父母是否会表达对你的赞赏和鼓励，是否接纳你是独特的个体。

第四组

· 他们会抽时间陪伴我。

· 休闲时，他们会跟我玩乐。

· 即使有时因工作忙而未能陪伴我，我也能感到他们将家庭放在重要的位置。

· 我感到他们喜欢跟我在一起。

· 他们会跟不同年龄段的我商量家庭的变化和计划。

以上是反思父母对陪伴家人的重视程度。

第五组

· 他们的情绪稳定，令我有安全感。

· 他们的言行一致，不会说一套做一套。

· 他们接纳我对他们的教育提出意见，而且会改善。

· 与其他亲友在一起时，他们会保护我。

以上是反思父母的情绪是否稳定，在教育上能否言行一致。

结 语

看清楚，懂得爱

今天的父母四面受敌，身上压力千斤重，如学校的催逼、家人和朋友的无形比较、社会和经济的现状以及发展前景，又或者孩子每况愈下的行为表现等。这怎能让父母不担心、不着急？

这些压力往往都是看得见的东西，例如子女的学习成绩、老师的评语和子女的表现等。父母每天为子女的功课、测验，甚至打游戏、讲粗话或者交友恋爱等问题大费周章，亲子关系时刻处于紧张状态。

看不到孩子的另一面

可是，父母往往忽略了一些更重要、更长久的东西，而这些都是看不见的。这里要告诉你几个真实的故事。

> 一位家长有一个患有注意力缺失及多动症（ADHD）的孩子。母子在读书复习和打游戏问题上时常产生矛盾。孩子变得越来越不讲理，总之想要的东西必须马上得到。在母亲眼中，孩子渐渐变成一头野兽，而自己也开始变得神经质。她感觉已经用尽了所有的方法来帮助孩子，依然无能为力，她开始想放弃，任由他自生自灭。
>
> 有一天，孩子为了打游戏而不想学习，再次跟母亲争论起来。当时，孩子疯狂地高声叫嚷，母亲身心俱疲，独坐一旁。突然之间，她仿佛看到了孩子的另一面，就是他内心的挣扎——一个患有多动症的孩子是无法独自克服学习上的困难的。于是，母亲走到孩子身旁，展开双臂拥抱孩子。这一刻，孩子好像被母亲的举动融化了，他渐渐安静下来，眼泪慢慢流下，哽咽啜泣。他们的心灵终于相通了。

原来，当这位母亲放下眼前的东西时，她可以发现一些平日看不见的事物。当她感觉到孩子的内心痛苦时，便可以重寻爱与怜悯。

一位孩子一直未能满足学校的要求，时常被老师查找不足，罚抄作业、罚留堂、记缺点等，孩子认为老师处处针对她，对学习失去了动力。因此，她拒绝上学。无论父母如何劝她，她也不愿再上学。父母当然非常担心和忧虑。

之后家长接受辅导，开始明白强迫孩子上学也没用。渐渐地，父母发现，问题的重点根本不是上学，更不是成绩，而是孩子需要被接纳。原来，孩子的内心非常脆弱，极需父母的滋养和爱护。于是，父母再没有强迫她上学，而是创造家人相聚的机会。虽然孩子现在还未上学，但起码父母看到了她的笑容。

很多孩子在学习中变得自卑，可是，父母有时未必看到这一面，只看到了一连串需要满足的要求。上面提到的父母最终看到的，是孩子最需要被接纳和陪伴。

珍贵的素质

1464 年，著名的意大利雕刻家多纳泰罗（Donatello）签约要雕刻完成一座伟大的石像。于是，他在阿尔卑斯山下的卡拉拉采石场找到了一块巨大的白色大理石，并雕刻出人物的下肢、躯干和衣着的大致形状。但不知为何，他没有继续雕刻下去。1466 年，多纳泰罗去世了，留下那块未完成的石头。这块石头一直被冷落在一旁。之后，有人将达·芬奇及其他有名的雕刻家带到这块大石面前，可惜他们都对它没什么兴趣，它似乎不是雕刻的好材料。

直至 1501 年，一位 26 岁的年轻雕刻家发现了它，惊叹它的美丽，并且对它说："我要将大石里面的天使释放出来。"于是他花了 3 年时间，于 1504 年雕刻出了一件举世闻名的伟大作品——"大卫"，这位雕刻家就是大名鼎鼎的米开朗琪罗（Michelangelo）。

这个故事告诉我们一个宝贵的道理，米开朗琪罗看见了大理石的灵魂，看出了它的潜质，把它的潜质发挥得淋漓尽致。家长可以像米开朗琪罗一样看到孩子的特质吗？还是只看到孩子表面是否达到了主流标准呢？如果父母没时间和精力在孩子身上"寻宝"，就一定会"吃亏"。其实，每个孩子的身体里都住着一个天使，有待于别人把她释放出来。父母就是孩子最好的雕刻家。

看得见与看不见其实关乎一个人的价值观。我们看重眼前的事，还是长远的事？看重个人成就，还是关系？看重前途，还是品德？如果父母为了社会、学校、工作和生活的要求和节奏等，做事只讲求快，有问题就想立即解决，自然也会把孩子的问题当成一项任务，只想尽快解决问题，而忘记了孩子是一个成长中的生命，他们有很多地方要学习和改善，需要家长无条件的爱及接纳，这些才是他们健康成长的重要养分。

我们在辅导室遇上无数家庭。有些孩子童年时期的情感被忽略，一味被要求追赶社会的节奏和要求。又有些父母在自身的成长中受过不少伤痛，以致为人父母时不知进退，迷茫疑惑。

请家长不要灰心，今天"看见"也不迟。请重新学习怎样陪伴孩子走过崎岖不平的青春期。只要你的态度转变，给孩子机会和空间思考及决定自己的未来，孩子一定会健康成长，变得更加出色。

等待的父母

有些家长常慨叹："自从孩子进入青春期，我就有一种'失恋'的感觉。"又有家长说："我一直陪伴在孩子身边，但他却嫌我唠叨。"之所以会出现这种情况，多是因为家长忽略了自己的角色已经发生了转变，更误会了陪伴的意思。当孩子进入青少年时期，父母的陪伴更多意味着等候，默默伴在孩子身边等候他成长，或者随时候命，有需要时就出手。

一天，有一个人走进一个大花园，在枝条上发现了毛毛虫的蛹。他觉得有很有趣，便定睛观察蛹的动静。不一会儿，蛹开始微微振动，原来里边有一只

242

蝴蝶。他看到蝴蝶用微细幼小的足肢轻轻地在蛹膜上划破一个小洞，准备破壳而出。可是，这个洞实在太小了，于是，这个人轻轻向蛹吹了几口气，希望能帮蝴蝶一把。这时候，蝴蝶果然轻易地从蛹中爬了出来。接着，他看见面前是一只全身湿透的蝴蝶，翅膀皱皱的。蝴蝶开始振动身躯，想把自己弄干。这个人看了良久，心里开始焦急起来，心想："为何这么久，它是否会死去？"于是，他再向蝴蝶的翅膀轻轻吹气，希望帮它尽快弄干。不料，蝴蝶的动作渐渐慢了下来，最后一动也不动，死了。

这个故事说明什么？每个生命都有天赋的能力。有时，他人根本没法插手，过分插手反而容易帮倒忙。父母也是一样，可以做的就是默默等候，静观其变。

父母常常会觉得，面对孩子已经无能为力，苦无办法，甚至心力交瘁。请你不要灰心。这时，正是你学习等候的开始。等候是辛苦的，但请你仍然心存盼望，安心等候孩子学习挣扎，学习适应，学习飞翔。

请你对自己有信心，无人可以给你父母的这一职责打分。父母的职责是没有分数的，只有爱和孩子的回馈，而他们的回馈就是一生快快乐乐，健健康康。人一生只有一次青春期。他日，父母可以无悔地说："我陪孩子共同走过了这段青春期。"

伍詠光

2015 年 12 月

《上瘾的治疗与陪伴——全人关怀心灵辅导手册》
王倩倩/著

为什么很乖、很听话的孩子竟会沉溺于毒品、赌博、网络游戏或色情网站？

为什么别人没有上瘾，而自己的家人却深陷其中无法自拔？

为什么戒断后一段时间又复发，复发难道就意味着前功尽弃？

作为上瘾者的家属，应如何帮助所爱之人走出泥潭，也使自己脱离苦海？

如果你或你身边的人正饱受上瘾的折磨，这本书或许能帮你认清事实，为你指明奋斗的方向。

《城市的心灵——心理咨询师札记》
廖峻澜/著

随着生活节奏的加快，我们不同程度地承受着焦虑和抑郁带来的精神压力，在婚姻恋爱、学校/职场关系的处理上也出现了各式各样的问题。本书透过一个个案例，详细述说了这些心理问题的起因，对来访者的成长经历、治疗的每一个步骤及关键性疗愈的细节，都有全面而生动的记述。我们在作者的带领之下，像看侦探小说一样，逐渐深入来访者的隐秘世界，一点点接近真相，并且在阅读中寻求治愈。

《家庭会伤人——自我重生的新契机》
［美］约翰·布雷萧/著
郑玉英　赵家玉/译

你是否总认为自己"不够好"，所以得不到爱和幸福？

你是否为了遵从别人的意愿，而否定自己真实的感觉？

为什么酗酒、虐待等不健全家庭中的孩子长大后反而容易被酒鬼、暴力狂吸引？

为什么不健康的家庭模式容易代代相传？

结婚就是两个"半人"找到自己的"另一半"？

溺爱孩子等于剥夺了孩子从生命的正常痛苦中学习的机会；过度控制和以"高标准"要求孩子，不过是想找回我们当年在原生家庭中没有得到的力量和尊严。幸福的家庭需要真正的爱，而真正的爱始于自爱，以及对自己的珍视。我们必须先学会重视自己，才能建立和谐的家庭关系，与家人亲密相处、共同成长。本书将揭示家庭教育中的"毒性教条"及其危害，引导我们以正确的心态对待亲密关系，帮助我们建立幸福和谐的家庭。

《遇见幸福这个人》
邵正宏/著

人人渴望幸福，但是幸福是什么？

如何才能遇见幸福？

遇见了又应如何把握，不让她从我们身边溜走？

让我们随着作者 52 篇精彩的文字，一起来遇见幸福这个人。

《筑爱——期待中的家》
邱慧辉/著

你对家的期待是什么？

如果一个人结婚前就知道婚后的关系如同坠入冰窖，最后以伤害或离婚收场，他/她还会走进婚姻吗？

公主与王子结婚，那是多么幸福的一对啊！进入婚姻，多数人都经历过从美丽的憧憬到现实的考验。其中，有的人梦碎了，但依然奋力飞向光明，有的人却跌入深渊。

你呢？你在哪里？你好奇为何有的人可以幸福美满，有的人却生活得支离破碎？请与我们一起来窥探究竟。

《父母离婚后——孩子走过的内心路》
朱迪斯·沃勒斯坦　茱莉亚·路易斯　珊卓·布莱克斯利/著
张美惠/译

如果知道离婚会对孩子一生的成长造成多少遗憾的话，你会离婚吗？

本书共有 5 个部分，每个部分都以一位离异家庭的孩子为主角，重现他们从父母离异那一刻起到 25 年后的人生历程。中间穿插完整家庭孩子的相关故事或简短描述，揭开了许多迷思，也让我们再度思考婚姻的真义。

如果知道离婚会对孩子一生的成长造成多少遗憾的话，或许大人会更"慎始"，对婚姻与承诺会更认真。

《启动幸福的 9 把钥匙》
邵正宏/著

幸福，人人向往，但好似遥不可及，常常在时过境迁之后才意识到当时真是身在福中不知福。其实，生活中的柴米油盐、锅碗瓢盆处处都有幸福的秘钥，等着你去开启。幸福不难，用心就可以。

《柳暗花明——走过婚姻风暴》
何张沛然/著

你全心全意地为家庭付出，却换来对方无理的对待或误解？

不去面对，婚姻中的问题就会自动消失吗？

外遇的悲剧还可以挽回吗？

婚姻不幸福，都是对方的错？只要换个人就一切都好了？

离婚后，唯有马上投入另一段情感，才能消除自己内心的寂寞和痛苦？

如何帮助单亲家庭的孩子健康成长？

再婚家庭将面临哪些挑战？第二次婚姻会比第一次更容易吗？

父母逼迫子女结婚的"好意"能保证儿女婚姻的幸福吗？

家庭可以为我们带来欢乐和成就感，也是人格塑造的场所，我们都渴望拥有幸福的家庭和美满的人生。本书将通过许多真实案例，告诉你婚姻的真谛，无论你是单身、已婚、离异、丧偶或是再婚，都一定能从书中获得启发和帮助。

敬请关注川大版心理学系列